52歳からの
お金のリアル

定年後の"長生きリスク"に効く処方箋

泉 正人
Masato Izumi

プレジデント社

プロローグ

　もし今、あなたの年齢が52歳だとすると、あと10年前後で定年を迎え、仕事をリタイアすることになります。

　この定年制度は、今から60年近く前に国民年金制度が創設された時期あたりに一般的になってきたといわれており、その当時の平均寿命は男性58歳、女性61.5歳。そして当時、定年退職年齢は55歳と定めている企業が主流でした。

　それから約60年、平均寿命は年々延び、2016年は男性80.98歳、女性87.14歳に。平均寿命が約20年も延びています。これは街中に元気な高齢者が増えていることからも、実感できることだと思います。

　厚生労働省は、今後10年単位で平均寿命が約1歳ずつ延びていくと発表しており、現在52歳のあなたは85歳、90歳まで生きる時代となるでしょう。

　長生きはとてもいいことですが、実際にはどのような人生になるのか、具体的にイメージしてみたことがあるでしょうか？

　かつては「老後の生活」というと、「仕事から解放された自由な時間」「悠々自適」といった"ゆとり"のイメージを思い浮かべるのが一般的でした。

例えば、夫婦二人、のんびりと縁側に腰掛けて、お茶をすする日常。週に１回は趣味のカメラサークルに参加し、仲間と交流。離れて暮らす子どもの生活も助けてあげながら、年に数回はかわいい孫たちに会いに行き、「おじいちゃん、おばあちゃん！」と孫に囲まれる賑やかな時間を楽しみに。

　アクティブ派なら、「いつかは世界を巡る船旅を」と現役時代にはできなかった夢の実現を思い描く人もいるでしょう。

　こういった老後のイメージを、誰もが一度は思い浮かべたことがあるかもしれませんね。決して特別な贅沢ではない、老後の典型例だと思います。

　しかし、これらの実現のために実際にいくらかかるのか、計算してみたことはあるでしょうか。

　何気なく暮らしていると気づきにくい事実として、私たちは「何をするにもお金がかかる社会」の中で生きています。

　食事をする、レジャーを楽しむ、電車に乗る、病気をしたら治療を受ける、雨風をしのげる屋根の下で暮らす。これらの行動一つひとつにお金が必要となります。

　現代人らしい生活を送るにはお金がどうしても必要になるのです。長く生きようとすれば、その分、コストがかかるということを覚悟

しておかなければいけません。

　老後の生活にかかるコストを考え始めると、気持ちが暗くなるという方は多いでしょう。一生懸命頑張って、若い頃よりも収入は増えたはずなのに、まだ将来の心配をしなければならないのかと、腹立たしく感じる方もいるかもしれません。

　このように、老後の生活について心配しなければならないという現状は、私たちに原因があるわけではありません。少子高齢化によって人口の年齢構成がアンバランスになった結果、高齢者の生活を支える社会保障制度が崩れようとしているからです。

　北欧諸国は、社会保障のコストとして高めの税金を徴収する代わりに、リタイア後の高齢者が安心して生活できるだけの年金が支給され、医療や教育の無償化が進んでいます。

　残念ながら、日本では今日までこのような社会保障制度の再設計が十分になされないまま、超高齢化社会に突入しようとしています。

　年金支給額のシミュレーションをしてみれば、たいていの人が「たったこれだけしかもらえないのか」と驚きます。もらえる年金が少ないこと。この事実がすべての老後の不安を生んでいるといっていいでしょう。結果、「足りない分は個人が備えなければならない」という状況が生まれているのです。

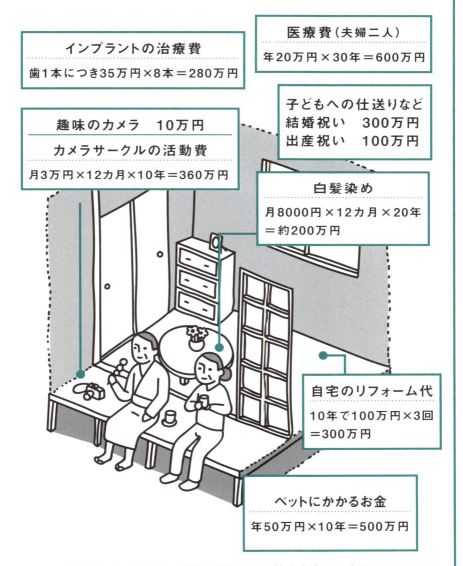

例えば、のんびりと縁側に腰掛けてお茶をすする日常も、
85歳、90歳まで生きる時代になると、
トータルではこのようなコストがかかってきます。

何をするにもお金がかかる時代に長生きする。国の年金だけではとても安心できない。この二重のリスクに私たちはさらされています。

　まずは、これから私たちが生きていく社会のシステムがどのように変化していくのか、何を備えるべきなのか、正しく理解することが第一歩になるでしょう。

　特にお金をかけているように思えない「縁側でお茶」の生活でさえ、実は想像以上にお金が必要です。

　まず、都心で庭付き一戸建ての生活を維持するには、土地・住宅の費用、毎年の固定資産税に加え、住み続けるためのリフォーム代もかかってきます。老後に対応するバリアフリー設計に変えたり、老朽化する水道管の修理などで、10年ごとに100万円として60〜90歳の30年間で300万円ほど。

　何気ない日常を送るための"健康"もタダではありません。夫婦二人で縁側でお茶を楽しめる健康体を維持するには、その他の健康維持のために夫婦で年間20万円ほど必要に。それが30年続けば600万円です。

　最近は、ペットとの暮らしを楽しむ人もいますが、飼育のためのコストも意外とかかるものです。特にペットが年をとった後の医療費は、「1回の入院で10万円超の出費」というケースも珍しくありません。

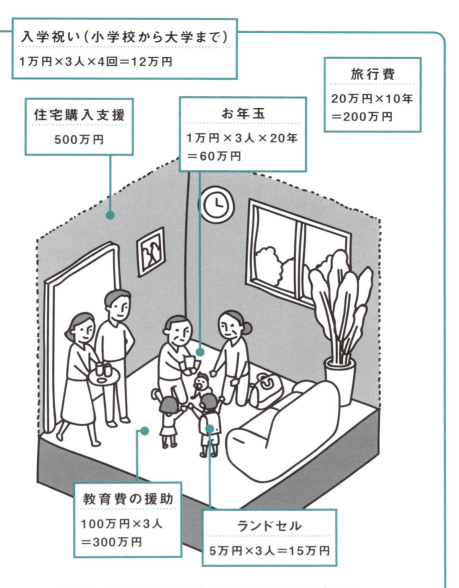

例えば、離れて暮らす子どもの生活を助けてあげながら
年に数回、かわいい孫たちに会いに行く。
85歳、90歳まで生きる時代になると、
トータルではこのようなコストがかかってきます。

さらに、子どもや孫にかけるお金も出ていきます。遠くに住んでいるのであれば、帰省やお互いの行き来のための交通費や旅費の補助、食事代のほか、お年玉や入学祝いなど。「孫にランドセルを贈る」など、子どもや孫への費用が、毎年数十万円かかることも少なくありません。

　さらに子どもが成人した後でも、お金はかかります。現在は若い世代の非正規雇用率は依然高い状況にあり、経済状況によっては長く仕送りが続く場合もあるでしょう。

　老後だからこそゆっくり楽しめるはずの海外旅行も、もちろんそれなりのお金が必要です。

　いかがでしょうか。
　当たり前に楽しめると思っていた老後に意外とお金がかかるという現実に、少し驚かれた方もいるかもしれません。
　ゆとりある老後生活は、「社会が個人の老後をしっかりと支えられる構造が整っている」という前提の上に成り立っていたもの。かつ、これほど個人が長生きするという時代は、歴史的に見ても初めてのことです。
　従来の前提は大きく揺らぎ、「長い老後」を楽しみではなくリスクとしてとらえる人が増えています。

　老後のリスクとして、具体的にどんなものが考えられるか挙げてみましょう。

例えば、現役時代にはできなかった夢の実現、
「いつかは世界をめぐる船旅を……」。
世界一周旅行に行くような憧れの生活には
このようなコストがかかってきます。

❶ 年 金 の リ ス ク

高齢人口の増加に伴って、今後は年金受給開始年齢の引き
上げ、支給額の減額といった施策が続きます。老後の生活を
年金だけでまかなうことは今以上に難しくなっていくでしょう。

❷ 働 き 方 の リ ス ク

寿命が延びるということは、定年後に生きる年数が増えると
いうこと。年金だけでは足りない生活費を補うため、また、
人生を長く充実させるための手段として、「働き方」のプラ
ンを考える必要があります。

❸ 住 ま い の リ ス ク

地価の下落や空き家問題など、住まいを所有することが必ず
しもプラスの資産とはならない時代に突入しています。また、
賃貸派にとっては生涯かかり続ける家賃が、長生きすると想
定以上の大きなコストにも。

❹ 健 康 ・ 医 療 の リ ス ク

長生きは健康であってこそ価値を感じられるもの。健康寿命
を延ばすために日々の体調管理にかけるコストが必須となる
上に、医療費自己負担も増大することが確実。これまで以
上に体にかかるお金への備えが求められます。

❺介護のリスク

50代以降の多くの人に降りかかってくるリスクが親の介護です。介護のスタイルによっては働き方を大きく変更せざるを得ず、「介護離職」を選択した結果、大幅な収入減となって自分の老後を圧迫する場合も。親に十分な備えがない場合、経済的支援をする必要が生じることもあるでしょう。

❻相続のリスク

親が亡くなった時の相続に関しては、資産の額に関わりなく、身内同士の訴訟に発展するケースが増えています。知識不足やコミュニケーション不足が、思わぬ家族間トラブルを生んでしまいます。

❼家族の"想定外"のリスク

晩婚、未婚（非婚）、離婚、自立しない子どもの問題など、個人のライフスタイルの変化によって、家族を取り巻く問題も多様化しています。定年を過ぎても子に費用がかかる、単身世帯での生活コストの増加、離婚による年金受給額の大幅減少、介護費と教育費のピークが同時に訪れる、といった想定外の支出に悩む家庭が増えています。

老後の7つのリスク、いかがでしたでしょうか。

　今52歳のあなたが22歳前後で働き始めた当時と比べ、社会を取り巻く状況は劇的に変化しました。

　高度経済成長時代は終わりを告げ、日本経済は成長期から成熟期を経て、縮小期に向かっています。

　一人ひとりは一生懸命に働いているのに、日本の人口動向や社会福祉制度、新興国の急激な成長により、日本の競争力が低下し、経済規模は縮小し続けているのです。

　その結果、私たちは定年後や老後という未来に対して、大きな不安を抱えて生活をするようになりました。

　そして、その不安のほとんどが「お金」と関わりが深いこと。

「老後はいくらお金が必要かわからないから、とにかく今は節約しておこう」
「いつまで働けるかわからないけど、保険だけは入っておこう」
などと未来の不安を回避するために、今の生活レベルを落とし、本当は実現したかったことを我慢している人も少なくありません。

　しかし、慌てて無理な選択をしたり、やりたいことを諦めたりしないでください。これから先に起こり得るリスクを知り、「いざ困った時にどうしたらいいか」を先回りして学ぶだけで、対処できる範囲は広がるはずです。

これからは、自分の老後は自分で守る時代。

だからこそ、「知る」「学ぶ」ことが大事なのです。「知る」「学ぶ」は誰でも平等にできる備えであり、やるかやらないかで将来の安心を大きく左右します。

先に挙げた7つのリスクについて、何も手を打たなければ、リスクはリスクのまま、不安や悩みは増大していきます。

しかしながら、52歳の今であれば、まだ十分に時間はあります。想定されるリスクに打ち勝つために、今から少しずつ準備を始めてみませんか？

お金は急に準備はできませんが、準備期間があれば、たくさんの選択肢から自分に合ったプランを選ぶことができます。ただし、時間は誰に対しても平等です。

そう、リスクを最小限にするための「クスリ」はきちんと存在します。

本書の各章では、まずテーマごとに想定される将来のリスクについて、客観的データに基づいて解説した後、リスクを回避するための対策や心構えについてお伝えしていきます。

今、この本を手にしたことがあなたのこれからの人生を明るくする幸運の鍵となってほしい――。

私がこの本を書こうと思った動機は、この一つの思いに尽きます。

　お金で幸せを買うことはできません。ただし、お金を使うことで嫌なことを回避することはできます。
　お金の不安にとらわれる人生ではなく、お金を上手に活かしながら充実した人生を送るために。

　どうぞゆっくりと、ページをめくってください。

CONTENTS

プロローグ ………………………………………………………… 2

第1章　52歳のリアルなお財布事情と、10年後の不安

52歳の現状を把握しよう ………………………………… 22

52歳のリアルな暮らし①

大企業の営業畑で勤続30年
妻と子ども2人"ザ・モデル家庭"の渋谷さん

52歳のリアルな暮らし②

共働きの賃貸派
役職定年を控え、子どもの受験で揺れる神田さん

52歳のリアルな暮らし③

年収400万円のシングルウーマンの事務職、
実家で母と同居する馬場さん

52歳のリアルな暮らし④

前妻への養育費が月8万円、
親から継いだ印刷業を営む自営業者の上野さん

52歳のリアルな暮らし⑤

ヘルニアと闘う中小企業の営業所長、
3人の子持ちの大塚さん

第2章　年金

年金のリスクを理解しよう ······································· 38

52歳の今から準備できること ······················· 42
年金リスクに効く処方箋（クスリ）

❶ 確定拠出年金で、年金の受取額を増やす
❷ 年金受給の時期を賢く見極める
❸ 年金収入で足りない分は、2つの方法で稼ぐ

第3章　働き方と生きがい

働き方と生きがいのリスクを理解しよう ·············· 56

52歳の今から準備できること ······················· 64
働き方と生きがいリスクに効く処方箋（クスリ）

❶ 「定年後も働く」意思を持つ
❷ お金と生きがいを増やすシニア起業や、
　 今の仕事の延長線上で働いて定年をなくす
❸ どこでも通用する「ポータブルスキル」を磨く

第4章　住まい

住まいのリスクを理解しよう ···················· 74

52歳の今から準備できること ············· 86
住まいリスクに効く処方箋（クスリ）

❶ 住宅ローンは完済計画を見直す
❷ 賃貸か購入か迷っていたら、100歳までの総住居費で算出する
❸ 都心への住み替えを検討する
❹ 実家の空き家は一日でも早く正しく処分する

第5章　健康・医療

健康・医療のリスクを理解しよう ············· 96

52歳の今から準備できること ············· 105
健康・医療リスクに効く処方箋（クスリ）

❶ "健康投資"を積極的に続けていく
❷ できるだけ働いて、収入を得ながら健康維持
❸ 睡眠負債を溜めない生活習慣を心がける

第6章　介護

介護のリスクを理解しよう …… 112

52歳の今から準備できること …… 121
介護リスクに効く処方箋（クスリ）

❶ 介護のために離職しない備えをする
❷ 介護費用はできるだけ親の財布から
❸ いざ介護が始まった時のアクションフローを確認

第7章　相続

相続のリスクを理解しよう …… 134

52歳の今から準備できること …… 142
相続リスクに効く処方箋（クスリ）

❶ 相続に関わる関係者全員が正しい知識を備える
❷ 日頃のコミュニケーションで、親の財産を把握する
❸ 将来にわたって親の収支プランを確認する

第8章　家族の"想定外"

家族の"想定外"のリスクを理解しよう ················ 154

52歳の今から準備できること ······················· 165
家族の"想定外"リスクに効く処方箋（クスリ）

❶ 将来の希望を家族で持ち寄り紙に書き出す
❷ ❶で書いた内容を5年おきに見直す
❸ 普段から家族のコミュニケーションを心がける

第9章　資産運用

資産運用の基本を理解しよう ······················· 178

52歳の今から準備できること ······················· 182
資産運用リスクに効く処方箋（クスリ）

❶ 国を超えてお金に働いてもらう
❷ 50代からの資産運用は低リスク分散型で
❸ 退職金をねらった詐欺には注意する

エピローグ　　長生きをリスクにしないために ················ 194

第 **1** 章

52歳のリアルな
お財布事情と、
10年後の不安

52歳の現状を把握しよう

人生の後半を充実させるため、52歳から何を始めるべきなのか。
対策を練るには、まず現状を把握することから。
典型的な52歳の暮らしの現状から見ていきましょう。

―― 52歳のリアルな暮らし① ――

大企業の営業畑で勤続30年
妻と子ども2人
"ザ・モデル家庭"の渋谷さん

　妻と2人の子どもと一緒に暮らす渋谷誠さん（仮名）は、大手メーカーの営業本部長。新卒入社から一筋、勤続31年。昨年の年収は1232万円でした。

　結婚と同時に横浜に庭付き一戸建てを約6000万円で購入し、ローンは約2000万円残っています。

　2歳年下の妻の明美さん（仮名）は専業主婦で、子どもは20歳と17歳。夫婦の両親は両家とも80代になりますが、今のところは大きな病気もなく自立した生活ができています。

いかにも新聞などに「モデル家庭」として登場しそうな家族構成で、年収も1000万円超え。将来も安泰のように思えますが、「実は不安はいくつもあるんです」と誠さんの表情は曇りがちでした。

不安要素の一つは子どもの自立です。成人式を迎えたばかりの長男は都内の私立大学に通っていますが、この半年ほどまともに通学している様子がなく、自宅にこもりがち。

進路についてどう考えているのか、さりげなく聞き出そうと「就活はしてるの？」と夕食の時に聞いてみても「今さら焦ったって、どうしようもないだろ」というような無気力な返答ばかりで妻も心配しています。

「素直でいい子に育ててきたつもりなのに、もしも就職せずにニートになってしまったら、大学卒業後もしばらく経済的援助が必要になる。下の子の進学も続きますし……。私が定年を迎えた後も子どもへの経済的援助が続くとなると、家計が破綻しないかと……」と語る誠さん。

営業という職業柄、付き合いも多く、部下の前ではつい羽振りよく振る舞ってしまうという誠さん。節約グセが身につかないまま50代となり、貯金は920万円と年収に対してそれほど多くはありません。

地方で暮らす親の今後も気がかりです。毎年欠かさずお正月は両方の実家に行っていますが、親たちは年々足腰が弱くなり、今年の正月は特に体力の衰えを感じた、と誠さんは言います。4人のうち1人でも倒れたら、すぐさま遠距離介護が始まります。

誠さんは一人っ子なので、自分の両親の介護問題はその肩にすべてかかってくるのです。

　子どもへの支援延長、親の介護などコストが増えるリスクがある一方で、住宅ローンもまだ2000万円返さなければいけないという現実も。老後に必要なお金を考えると貯金を切り崩すわけにもいきません。

「今日、明日では大きな問題に直面していないので妻はあまり真剣に考えている様子がありません。でも、10年後には厳しい現実がいくつも迫ってくるのではないかと思うと、ちょっと怖いですね。かといって、何から手を打てばいいのかわからないのです」と誠さんは語りました。

 渋谷さんが抱えるリスク

- 高収入、高支出な家計体質のため貯金が不十分
- 一人っ子のため地方で暮らす親の介護が降りかかる
- 子どもがニートになった場合、年間100万円ほどの資金援助コストがかかり続ける

52歳のリアルな暮らし②

共働きの賃貸派
役職定年を控え、子どもの
受験で揺れる神田さん

大手教育系サービス会社で総務部長を務める神田浩さん（仮名）も、前述の渋谷さんと同じく勤続30年のベテランサラリーマン。年収は1050万円です。

40歳の時に社内結婚した妻の真由美さん（仮名）は3歳年上の姉さん女房。フルタイムで働いていて年収は800万円。職場で頼られる存在の真由美さんは仕事にやりがいを感じているようですが、ここ数年、「仕事を辞めたほうがいいかしら？」と迷っています。

迷いの原因は、10歳になったばかりの長女の受験。40代になって授かった一人娘はかわいくて仕方なく、夫婦とも「できるだけ充実した教育環境で育てたい」と私立中学受験を計画しています。

「本気で受験に取り組むとなると、塾通いや精神的なサポートでしっかり娘と向き合う必要がある。だから、私がもっと家にいたほうがいいと思うの」と真由美さんは真剣です。

しかしながら、ずっと共働きでやってきたのに妻の収入がなくなって大丈夫なのだろうかと、不安を感じる浩さん。

　実は、数年前に勤務先の会社で役職定年制度が導入され、今の部長職は55歳を迎える3年後には"卒業"が確定しています。

　役職定年に伴って収入は3割減ることは確実。加えて妻の収入までゼロ、あるいは激減となると、家計を大きく揺るがしそうです。

　そして、最近気になりだしたのが「老後の住まい」の問題です。晩婚だった神田さん夫妻は、夫婦共に独身時代の気楽な賃貸生活を楽しんでいた時期が長く、結婚後もなんとなく住宅購入について考えることなく今日までやってきました。

　家族が今暮らしているのは、東京郊外ターミナル駅近くの3ＬＤＫで家賃は月25万円。

「世帯収入1850万円の今の家計なら負担は感じませんが、将来、月々の家賃が首を絞めることになるのでは……と不安がよぎりますね」と浩さんは言います。

　夫婦の両親のうち、3人は元気ですが、浩さんの父親はすでに介護施設に入っています。浩さんは4人きょうだいの2番目で、介護は分担してなんとかやっていけそうですが、心配なのは父母が亡くなった後の「相続」。職を転々としている末っ子の弟は、明らかに親

の資産をあてにしている気がしてなりません。

「揉めることがないように済ませたいと思っていながら、きょうだいでちゃんと話したことはなし。親の資産の詳細についても把握できていないので、どう聞き出していいかもわかりません」と語る浩さん。

夫婦で貯めた貯金は2000万円ありますが、これから起こり得る家族の状況変化を考えると、あまり余裕は感じられないそうです。

 神田さんが抱えるリスク

- 3年後の役職定年による収入減
- 娘の中学受験に向けて妻の退職？
- 生涯かかり続ける家賃支出は長生きするほど家計を圧迫
- 4人きょうだいの間での相続問題

52歳のリアルな暮らし③

年収400万円の
シングルウーマンの事務職、
実家で母と同居する馬場さん

仙台市の郊外で暮らす馬場由美子さん（仮名）は独身。20年前に両親は離婚し、離婚した母親と実家で一緒に暮らしています。

地元の短大を出た後に一般職として就職し、これまで転職歴は2回。ずっと事務職としてやってきましたが、給料はほぼ横ばいで、現在の年収は４００万円です。

貯金は３００万円と心もとなく、同居する82歳の母が受け取る年金も合わせて家計をやりくりしていますが、「母は離婚しているので、それほど年金も多くなく、お互いに助け合って暮らしている状況です」。

実家は持ち家なので、住宅ローンの支払いは必要ありませんが、その家もすでに築50年近くになり、あちこちで不具合も出始めています。

「自分の将来も気になりますが、母親の介護が始まったらどうしよ

うと……。母にも蓄えはあまりないので、介護費用は私が負担することになるはず。共倒れにならないように、今からできる対策があれば始めたいのですが」

 馬場さんが抱えるリスク

- 年収が低く、貯金も少ない
- 退職金の見込みなし
- 築50年近くの住居の老朽化
- 母親の介護費用のしわ寄せも来そう

52歳のリアルな暮らし④

前妻への養育費が月8万円、
親から継いだ印刷業を営む
自営業者の上野さん

　東京の下町で、親から継いだ小さな印刷会社を営む上野修さん（仮名）は、再婚した妻の久美子さん（仮名）と2人暮らし。同い年の久美子さんとの間に子どもはいませんが、前妻との間に18歳と15歳の子どもがいます。

　10年ほど前は経営が順調で、10人ほどの従業員を抱えていた会社も最近は業績が悪く、6人にまで縮小。社会保険料を抑えるため、久美子さんも役員として登記し、給料は修さんが400万円、久美子さんは300万円としています。

　月の支出のネックとなっているのが、前妻へ払う養育費。会社の業績が良かった時期に取り決めた金額は月8万円で年間約100万円にも。「子ども2人が22歳になるまで」という約束になっているため、向こう7年、計約700万円を支払っていくことになります。

　住まいは親から引き継いだ自宅兼事務所（1階が事務所で2階が住居）を使っているため、住居費はかかりません。

しかし、いずれ修さんが亡くなった時には、妻の久美子さんではなく、前妻との子どもたちにも自宅兼事務所の所有権が相続されることになるのを最近知ったそう。

「私が死んだ後に仕事も家も失うのでは久美子がかわいそうです。早く必要な手続きをしないといけないと思いつつ、まだ手を打てていません」と語る修さん。

久美子さんは2年前に乳がんの手術をして、現在も治療中。普段の生活は問題なく送れているものの、健康の心配も常につきまといます。

現在の貯蓄額は800万円。自営業なので定年はなく、働こうと思えばいつまでも働けますが、体力がもつ保証はなく、それ以上に印刷業界の先細りが心配です。

自営業者で退職金がなく、老後資金をそろそろ本気で準備しないといけないという焦りが募ります。

修さんの両親と久美子さんの父親はすでに他界していますが、久美子さんの母親は長野で独り暮らし。持病で病院に長期入院しているため、戸建ての住宅がほぼ空き家の状態になっているのも気がかりです。

上野さんが抱えるリスク

- 年約100万円の養育費支出があと7年続く
- 夫が亡くなった時、妻が今の住居に住めなくなる可能性大※
- 自営業者で退職金がない
- 妻の実家(空き家)の処分方法がわからない

※ 2018年3月、政府は、死亡した人(被相続人)の配偶者が自宅に住み続けることができる権利「配偶者居住権」の新設を柱とした民法などの改正案を閣議決定。改正案のポイントは、自宅の権利を所有権と配偶者居住権に分ける点。配偶者が遺産分割の際の選択肢として、配偶者居住権を取得できるようにし、所有権が別の相続人や第三者のものになっても自宅に住み続けることができるようにする。

52歳のリアルな暮らし⑤

ヘルニアと闘う
中小企業の営業所長、
3人の子持ちの大塚さん

大阪・堺市在住の大塚哲也さん（仮名）は、中小企業の営業所長。転職経験は2回で、年収は600万円。7歳下の妻の恵子さん（仮名）もパート勤務で家計を支え、年収は100万円です。

子どもは15歳、13歳、5歳の3人に恵まれ、賑やかで仲の良い家族が自慢です。
家は市内のマンションを3000万円で購入。ローン残債は1500万円です。

哲也さんの母親は他界し、父親は5年前から認知症を患い介護施設生活。父親に費用を払う経済的余裕はなかったため、哲也さんが費用を支払っています。恵子さんの母親は健在ですが、これから介護が始まるリスクはあります。

「育ち盛りの子どもたちのまんま代と親の世話で、家計はあっぷあっぷですわ。所長さん、所長さんって言われても、貯金はたった150万よ。まだまだ頑張って働かんと」と語る哲也さん。

そう言って明るく振る舞う哲也さんですが、実はもう一つ、大きな不安を抱えています。それは自身の健康問題。

　ルート営業で長時間、車の運転をする職業柄、腰痛が悪化してヘルニアを患ってしまったのです。

　治療は続けていますが、車の運転は難しくなり、仕事は営業所内でできる業務に限られるようになっています。

　勤務先の会社に多くの退職金は期待できず、今後、収入が増える見込みはありません。

 大塚さんが抱えるリスク

- 今後増え続ける3人の子どもの教育費
- 住宅ローン残債が1500万円
- 親の介護費用のしわ寄せ
- 持病のヘルニアで、今後働ける仕事の範囲が限られる
- 貯蓄が少なく、退職金の見込みなし

以上、5人の52歳が直面しているリアルな現実を紹介しました。

　きっと、これを読んでいるあなたの周りにも似たような状況にある方がいるのではないでしょうか？ あるいは、あなた自身に思い当たる部分もあったかもしれません。

　大企業勤務か中小企業勤めか、専業主婦家庭か共働きか、子どもの多い少ない、離婚や相続、介護の負担などなど、一口に52歳といっても状況は様々で、悩みの内容も人それぞれです。

　5人が抱える「リスク」を目の当たりにし、ちょっと暗い気持ちになってしまった方もいらっしゃるかもしれません。

　大丈夫です。

　リスクはあくまで可能性であり、今からきちんと手を打っておけば将来の不安は解消されます。

　将来のリスクを下げる正しい処方箋を知識として身につけ、行動していけば、それはあなたの不安を取り除く「クスリ」となります。

　定年まで十数年の準備期間のある52歳という年齢なら、そのクスリはゆっくりと、しかし確実に効いてくるのです。

　続く第2章からは、「年金」「働き方と生きがい」「住まい」「健康・医療」「介護」「相続」「家族の"想定外"」「資産運用」といった気

になるテーマごとに、将来のリスクを下げる「クスリ」となる具体的対策について説明していきます。

　気になるテーマだけ読むのもよし。順に読んで全体像を把握するでもよし。

　終章まで読み進める頃には、あなたの胸につかえていた漠然とした不安への向き合い方が、きっと変わっているはずです。

第 2 章

年　金

"長生きリスク"に効く処方箋(クスリ)

年金のリスクを理解しよう

　定年後の生活を支える基本の収入源となるのが年金だ。

　しかし、その受給額が年々減っているという事実は、すでに報道されているとおり。

　標準的な年金受給世帯の年金月額（夫婦の老齢基礎年金と夫の厚生年金の合計金額）は、2005年には23万3299円だったのが、2012年には23万940円、2017年には22万1277円に（厚生労働省調べ）。緩やかながら着実に減っており、その傾向は今後も続くのが確実だ。

　みずほ総合研究所の調査によると、現在50歳で年収500万円の男性と専業主婦の妻の場合、65歳時点でもらえる年金月額の予想は22万7000円。75歳時点では21万2000円、85歳時点で21万1000円まで下がる。

　しかも、この予想は、物価上昇率1.2％・実質賃金上昇率1.3％の「標準シナリオ」を前提にしたもの。物価上昇率を0.9％、実質賃金上昇率を1.0％まで下げた「低成長シナリオ」で計算すると、その金額は65歳時点で20万9000円、75歳時点で19万7000円、85歳時点で18万7000円とさらに悲観的な数字となってしまうのだ。

では、この収入額に対して支出はどのくらいになるのか。

　総務省統計局「家計調査年報（家計収支編）2016年」によると、高齢無職世帯の総支出は月26万8628円（うち消費支出は23万9604円）。この支出に対して年金月額が約22万円とすると、毎月約5万円の赤字になる。

　なお、この支出額の調査データは持ち家率が94.2％という対象をベースにしているので、賃貸派の場合はさらに家賃支出を加算しておく必要がある。

　さらに、年金を受給できる開始年齢についても、現制度の65歳から延長する議論が活発化しており、「年金受給開始70歳」というのも現実味を帯びつつある。

　そうなれば定年退職から年金受け取り開始までの間に“収入の空白”が生まれることになり、その期間を乗り切るだけの備えも必要に。

「いや、退職金でなんとかなるだろう」と楽観したいところだが、退職金を減額、あるいは支給そのものを廃止する企業も増えている。

　厚生労働省「就労条件総合調査結果の概況」（2013年、2008年）によれば、退職金制度を実施する企業数は1993年時点では92.0％だったのが、2013年には75.5％にまで減少。実に、「4社に1社は退職金なし」というシビアな現実を突きつけられる。

政府のシナリオでも将来の「減額」は必至

40年間働く会社員の夫と専業主婦の妻のケース

現在の年齢（夫）	年収（万円）	厚生年金の年金月額（万円）					
		65歳時点		75歳時点		85歳時点	
		標準シナリオ	低成長シナリオ	標準	低成長	標準	低成長
60歳	350	18.0	18.1	16.9	16.5	16.3	15.4
	500	20.5	20.6	19.4	18.8	18.9	17.7
	800	25.5	25.6	24.4	23.3	24.2	22.2
50歳	350	19.8	18.3	18.3	17.2	15.1	16.2
	500	22.7	20.9	21.2	19.7	21.1	18.7
	800	28.5	25.9	27.0	24.7	27.0	23.7
40歳	350	20.4	18.1	19.9	17.1	20.2	16.3
	500	23.6	20.8	23.1	19.8	23.6	19.0
	800	30.2	26.3	29.7	25.3	30.4	24.5

出典：みずほ総合研究所。標準シナリオは物価上昇率1.2％・実質賃金上昇率1.3％、低成長シナリオは同0.9％・同1.0％のケース。金額は名目額を物価で割り戻した現在価格ベース。

その支給額はというと、大学卒で勤続 38 年の管理・事務・技術労働者の平均で 2358 万円、高校卒の勤続 42 年で 2155 万円（日本経済団体連合会「2014 年 9 月度退職金・年金に関する実態調査結果」）。転職している場合は勤続年数が少なくなるため、受け取れる退職金は減る傾向がある。

　年金受給までの無収入期間の補てんも考えれば、2000 万円強の退職金では心もとないだろう。

　今後増大する「年金リスク」を攻略するための準備をすぐにでも始めたい。

> **52歳の今から準備できること**
> 年金リスクに効く処方箋(クスリ)
>
> ❶ 確定拠出年金で、年金の受取額を増やす
> ❷ 年金受給の時期を賢く見極める
> ❸ 年金収入で足りない分は、2つの方法で稼ぐ

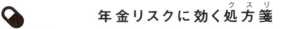

　年金の不安を煽られてばかりのこのご時世。「悠々自適の老後は夢のまた夢か……」と将来に希望を見出せなくなっている人も少なくないでしょう。

　大丈夫です。

　今からなら、まだ十分に間に合います。

　52歳の今から始められる「年金リスクに効く処方箋(クスリ)」について、お伝えしていきます。

　年金リスクを解消する1つ目の方法が、**❶公的年金に加えて"プラスアルファの年金"を準備すること**。

日本の公的年金制度は2階建てで、会社員は国民年金（老齢基礎年金）と厚生年金に加入しています（自営業の場合は同じく国民年金と、任意で加入できる国民年金基金）。国民の義務として誰もが加入している年金はここまでです。

　この2階建ての構造に"建て増し"する形で追加されるのが、企業が保険会社などに委託して独自に運用する「確定給付企業年金」。これが3階部分です。

　そしてさらなる追加として注目されているのが、個人や企業が毎月一定額の掛け金を拠出して運用する「確定拠出年金（401k）」。個人型確定拠出年金は「iDeCo（イデコ）」という通称でも知られています。

　個人がいつでも自由に始められるiDeCoは、会社員の場合は月額の掛け金の上限額は2万3000円（自営業者は6万8000円）。大きなメリットとなるのが、この掛け金が全額所得控除の対象となり、運用益は非課税になるという点。

　一方で、拠出金は60歳になるまで引き出せないというデメリットがあることも見逃さないようにしましょう。

　資産運用においては、「資産の非流動性」はとても大きなリスクです。将来、日本円の価値が大きく低下したり、インフレが進んだりした場合、万が一の暴落の時には損失を免れません。このデメリッ

トもよく理解した上で、無理のない範囲の金額で掛け金を決めることをおすすめします。

　制度を正しく知っておけば、将来の年金受給額を減らさず、むしろ賢く増やすことができるのです。
　次に、今から考えておきたいのが、**❷「年金を受け取る時期」の見極めです。**

　公的年金を受け取るのは早いほうがいいと思いがちですが、一概にそうとはいえません。

　年金の受給開始年齢は通常は 65 歳ですが、申請をすることで前後 5 年までの変更、つまり、60 歳までの繰り上げと 70 歳までの繰り下げが可能です。

　繰り上げた場合は早く支給される代わりに支給額が減って、60 歳での支給率は 3 割減の 70％。例えば、65 歳から受給する額が月 20 万円としたら、60 歳から受給するなら、その 70％で 14 万円となります。

　逆に繰り下げた場合には支給額は増えて、70 歳からの受給開始にすると 142％に。先ほどの例で計算すると、月 28 万 4000 円の受給額となるので、60 歳開始と 70 歳開始では実に倍以上の差が生まれるのです。これは大きな違いですね。

ここで気になるのが、「繰り上げた場合、何歳まで生きたらおトクになるか？」という損益分岐点ではないでしょうか。

ズバリ、答えは、**受給開始年齢から16歳8カ月の時点**。例えば、60歳からの受給開始に繰り上げた場合、通常の65歳での受給開始で受け取れる金額を追い抜くのが76歳8カ月になります。

「自分は少なくとも80歳は生きるだろう」と見積もれる人は、逆算して64歳から受給を開始するといいという計算になります。

日本の現在の平均寿命は男性が約81歳、女性が約87歳。これからますます長寿の時代ともいわれていますが、ご自分の健康状態も考慮しつつ、考えると良さそうです。

また、もしも65歳でリタイアをせずに、**まだまだ元気で働ける意欲と環境が整っているのなら、「年金受給は繰り下げ」がより賢い選択**となります。

なぜなら労働収入と年金を合算して収入が増えれば、その分、所得税も増えるから。年金受給は労働収入がガクンと減ったタイミングで開始したほうが節税となって、実質的な手取りは多くなります。

超高齢化社会に向け、政策は間違いなく「収入のある高齢者の年金受給を減らす」方向へと舵を切っていくはずです。

年金収入を目減りさせない知識をしっかりと備えて、定年後の収入確保に役立てていきたいものですね。

　年金にまつわる制度を活用してみた。それでも生活費をまかなうだけの収入が足りない──。
　そんな時には、**❸年金収入で足りない分を稼ぐ、次の2つの方法を考えてみるといいでしょう。**

　1つは、自分の体と頭で稼ぐ、つまり"労働"で稼いで収入を増やす方法。もう1つは、お金に稼いでもらう、すなわち資産運用による不労収入を得ることです。

　対策を練る順序としては、
・**まず手持ちの資金から運用で得られる不労収入をシミュレーションする。**
・**生活コストとして必要な金額との差額を算出。不足分を労働収入で補う。**
　というステップが有効です。

　資産運用に慣れていないと、「損失が出たら、かえってリスクじゃないか」と不安になる方もいるかもしれません。

　たしかに、人間が働けば働いた分だけ収入はプラスになりますが、運用の場合にはマイナスになる可能性もありますね。

しかし、人は年を重ねるほど「突然働けなくなるゼロリスク」が高まります。心や体の不調や家族の介護など、予期せぬことが誰にでも起こり得ます。

一方で、お金はどうでしょう。お金はいくら働いても疲れたり倒れたりはしません。万が一、あなたが倒れてしまっても、あなたの代わりに働いてくれる頼れる稼ぎ頭になってくれるのが"お金"なのです。

ですから、あなただけが頑張って「多少無理をしてでも働かなければ」と背負うのはもうやめましょう。永遠に年をとらない、いつまでも元気なお金に働いてもらうという両輪で対策を。そのほうが、将来のリスクを格段に減らしてくれるはずです。

繰り返しますが、順序は、まず不労収入の見込みを概算することから。不足分を労働収入で補っていきます。

ありがちなのは、「体力が許す限り、できそうな仕事を見つける」から始めるという失敗です。最初は良くても年々体力が落ちるにつれて無理が生じて計画が狂ってしまうというパターン、あなたの周りでも見聞きしたことがありませんか。

あらかじめ、寿命までの収入計画を無理なく立てておけば、「働き過ぎ」の予防にもつながります。

とはいえ、実際にどのようにシミュレーションをしていけばいいのかイメージできない、という方もいらっしゃるでしょう。

実際にどのようにプランを立てていけばいいのか、退職時点の貯蓄額別に見ていきましょう。
共通条件として、持ち家で夫婦二人暮らし、年金収入は年240万円、必要な生活コストは月29万円強で年間350万円とします。

また、貯蓄は減らさないことも条件に。急病や天災などでまとまったお金が必要になる場合のために、ある程度の現金があると安心ですし、何より精神的な安定をもたらしてくれます。

資産運用の利回りには、それぞれの貯蓄額に至るまでのマネーリテラシー（金融知識）のレベルを反映して差をつけることにしました。老後までに計画的に貯蓄をできた人は、その結果を出すだけのマネーリテラシーがあり、利回りの高い運用実績を出せる確率が高いという予測に基づいています。

まずは貯蓄が500万円のパターンを例に、「老後の生活のために、お金と自分にどう働いてもらうといいか」というシミュレーションをしていきます。

パターンA　退職時点の貯蓄額500万円

❶ 不労収入：貯蓄額500万円を
年利1％で運用すると、運用益は年5万円

❷ 不労収入＋年金収入：年245万円

❸ 必要な生活コスト－収入（❷）：年105万円
→この分を労働収入で稼ぐ

❹ 時給1000円の仕事で年105万円を稼ぐには？：
年1050時間働く→月87.5時間働く
→1日4時間働くとして、月22日働く

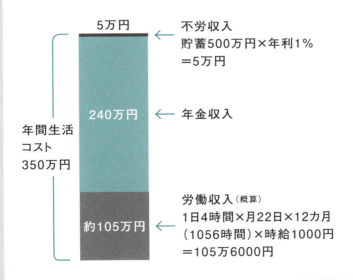

いかがですか？

　実際にお金の数字に落とし込んで計算していくことで、「時給1000円の労働を1日4時間、月22日やっていけば、老後の生活をまかなえる」というリアルな生活が見えてきましたね。

　しかし、この生活を90歳までずっと続けるのは少し無理があるかもしれません。

　知識やスキルアップをして仕事の単価を1.5倍に上げることができたら、働く日数は月15日まで減らせます。

　次に、貯蓄額2000万円の場合はどうなるでしょうか。

パターンB　退職時点の貯蓄額2000万円

❶ 不労収入：貯蓄額2000万円を
年利2％で運用すると、運用益は年40万円

❷ 不労収入＋年金収入：年280万円

❸ 必要な生活コスト−収入（❷）：年70万円
→この分を労働収入で稼ぐ

❹ 時給1000円の仕事で年70万円を稼ぐには？：
年700時間働く→月58.3時間働く
→1日4時間働くとして、月15日働く

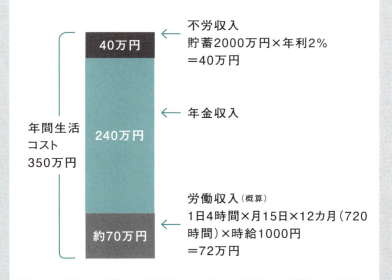

パターンＡより、だいぶ労働の負担が減りましたね。

さらに「時間軸で労働の下降曲線を予測する」という作戦も取り入れてみましょう。

寿命を90歳とすると、この生活は65歳から25年も続きます。後半の80代以降は、肉体的にもかなりつらくなっているはずですので、体力のある65〜70歳のうちに“働きだめ”をしておくのが得策です。

仮にこの前半の5年間のうちに、1日4時間ではなく倍の8時間の働きだめをしておくと、85〜90歳の5年間は「労働収入ゼロでも大丈夫」ということになります（使わずに貯めておくことを忘れずに！）。

65〜70歳は1日8時間労働、70〜85歳は1日4時間、85歳以降は労働ゼロというふうに、階段状に労働量を減らしていく計画を立てておくと、将来に無理を来しません。ご自分の体力と相談しながら、ぜひ考えてみてください。

最後に、貯蓄額5000万円のパターンです。

パターンC　退職時点の貯蓄額5000万円

❶ 不労収入：貯蓄額5000万円を
　年利3％で運用すると、運用益は年150万円

❷ 不労収入＋年金収入：年390万円

❸ 必要な生活コスト−収入（❷）：不足分なく、
　40万円のプラス！

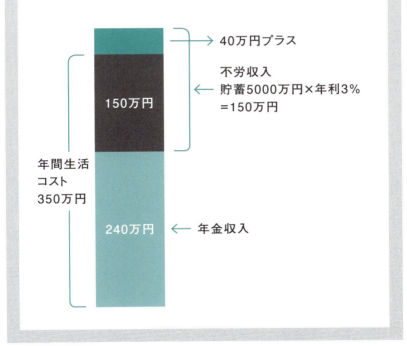

なんと嬉しいことに、資産運用の不労収入だけで十分に生活コストがまかなえることがわかりました。

　つまり、無理して働く必要はありません。ゆっくりと働かない人生の余暇を楽しんでもいいですし、好きな仕事を好きな分だけ楽しんでもよし。

　まさに悠々自適の時間を満喫できるハッピーシニアライフが待っています。

第 **3** 章

働き方と生きがい

"長生きリスク"に効く処方箋(クスリ)

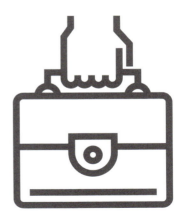

働き方と生きがいのリスクを理解しよう

「60歳になったら、皆に笑顔で送られて定年退職。後は年金をもらいながら、のんびり暮らせる」——。

そんな老後の生活を楽しみとして描くことができたのはひと昔前のこと。年金の受給額は今後減ることが必至となった今の時代、年金だけでは生活コストをまかなえないことを前提にライフプランを考えなければ、家計は破綻してしまう。

定年とともに労働収入がゼロとなった場合、年金だけでは家計は赤字に転落するリスクは大。実際、「のんびり好きなことをして過ごすはずが、生活のために仕事を再開しなければいけなくなった」という人は少なくないのが現実だ。

その仕事がやりがいを感じられ、かつ得意分野を活かせるものであれば、生活にハリと潤いが増し、むしろプラスの効果を生む。しかし、60代以降になって行き当たりばったりで職を探すという場合、時間や体力を切り売りする仕事や日雇いなどの不安定な雇用しか選べないという現実もある。何十年も勤めてきた企業との待遇の落差に愕然としながらも、若くはない体に鞭を打って毎日働きに出かける。そんな老後はできれば避けたい。

一方、「定年」の時期は延長傾向にある。背景にあるのは、生産年齢人口（15 歳以上 65 歳未満）の減少。企業は働き手を確保しようと、シニア層がより長く働ける制度づくりに積極的になっている。

同時に、政府も「働きたいシニア」を支援する法整備を進めており、2012 年に改正された「高年齢者等の雇用の安定等に関する法律」では、65 歳までの安定した雇用を確保するために、企業に「定年制の廃止」「定年の引き上げ」「継続雇用制度の導入」のいずれかの措置を講じるよう義務付けている。

この「高齢者雇用確保措置」を実施している企業は、従業員 31 人以上の企業約 15 万社のうち 99％以上に達し、希望者全員が 65 歳以上になっても働ける企業の割合は 7 割を超えている（内閣府調査）。

2016 年の厚生労働省の調査では、60 歳定年企業で過去 1 年間に定年を迎えた雇用者のうち、継続雇用された人の割合は 82.9％に。「60 歳を超えても働く時代」はすでに到来している。

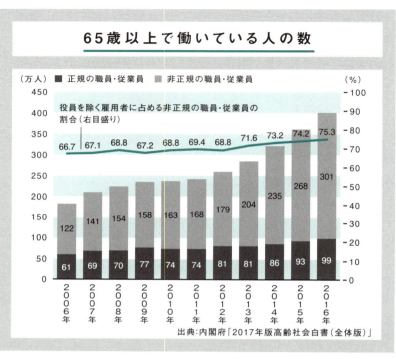

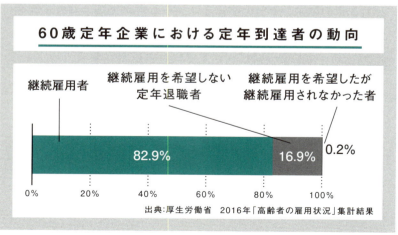

ただし、ここで油断してはならないのは、「定年延長＝収入増」では決してないということ。これは注意が必要な"罠"である。

　高度経済成長期の企業が右肩上がりに稼げた時代の賃金構造であれば、「社歴が長いほど賃金は上がる」という期待は持てた。しかし、低成長が続く今の時代、多くの企業が「いかに高齢層の賃金コストを圧縮するか」という課題に頭を抱えているというのが現状。景気がいい時代に大量雇用した世代と若い世代をバランス良くポストに配置し、新陳代謝を促すことも、企業の成長のために必須となっている。

　そういった対策の一つとして導入が進んでいるのが「役職定年」という制度。ある一定の年齢を迎えた管理職の役職を解き、専門職に変えたり、グループ内への異動によって、世代交代を促す制度である。「ある一定の年齢」を何歳に決めるかは企業によって異なるが、55歳前後で設定されるのが一般的だ。

　給料は役職が付くことで上がる。つまり、役職を解かれるということは給料が下がるということ。従業員の年齢別年収データを見てみると、男性の年収のピークは「50〜54歳」で平均して656万円であることがわかる（国税庁「2014年分民間給与実態統計調査」）。あなたの年齢が52歳だとしたら、今もらっている給料の金額が人生における収入のピークかもしれないのだ。

　「役職を外されて給料が下がるくらいなら、もっと条件のいい会社

に転職すればいいのではないか」と思うかもしれない。しかし、これも事前にそのための準備をしていなければ、あまりいい結果にはならないだろう。

　なぜなら、同じスキルがあるなら、企業はより若い人材をとりたがるからである。

　企業に30年、40年勤めた人が持っている最大の武器といえば、「経験」。しかしながら、その経験が、一つの会社にしか使えない武器になってはいないだろうか。

　会社の外に出て求められるのは、「会社の外でも通用する能力」である。「何ができるか？」という転職エージェントからの問いに対して「私は"部長"ができます」と答える、というジョークもあるが、実際、自分の実績を役職名でしか語れない人は少なくない。

　では、「会社の外でも通用する能力」とはどんなものなのか。人材サービスの業界では「ポータブルスキル（持ち運びできる能力)」と呼ばれるこの能力は、例えば右の図ように説明されている（株式会社リンクアンドモチベーションのウェブサイトより引用)。

ポータブルスキルの構成要素

仕事のやり方

成果をあげるために 重要な行動		職務遂行上、 特に重要であるもの
課題を 明らかにする	現状の把握	課題設定に先立つ情報収集の方法や内容、情報分析など
	課題の 設定方法	設定する課題の内容（会社全体、事業・商品、組織、仕事の進め方の課題）
計画を立てる	計画の立て方	計画の期間、関係者・調整事項の多さ、前例の有無など
実行する	実際の 課題遂行	本人の役割、スケジュール管理、関係者、柔軟な対応の必要性、障害の多さ、成果へのプレッシャーなど
	状況への対応	柔軟な対応の必要性、予測のしやすさなど

専門知識・専門技術

人との関わり方

対人マネジメントで 重要なこと		職務遂行上、 特に重要であるもの
上司 社外　社内 部下	社内対応 （上司・ 経営歴）	指示に従う必要性、提案を求められる程度。社内での役割期待など
	社外対応 （顧客、 パートナー）	顧客、取引先、対象者の数、関係の継続期間、関係構築の難易度など
	部下 マネジメント （評価や指導）	部下の人数、評価の難しさ、指導・育成が必要なポイントなど

第3章 働き方と生きがい

61

- 一般的なオフィスで使われているパソコンソフトや
  デジタルツールを使いこなせる能力
- 社内外と情報を共有し、
  交渉するためのロジカルシンキング
- チームワークを促進するコミュニケーション能力
- プレゼンテーション能力など

　これらのポータブルスキルを備えることによって磨かれる、「課題や仮説を立て、解決のための計画を立て、実行する」という仕事を遂行していく力。あるいは、社内調整、社外交渉、部下マネジメントといった、周囲の人と協力しながら結果を出す力。

　このような"仕事の基礎力"ともいえるスキルは、業種や職種を超えた流動性の高い人材交流が盛んになりつつある今、より重視されるようになっている。

　これまでの労働市場では、「40代を過ぎたら専門性が買われる」というのが常識だった。しかしながら、今後は一つの領域に特化した技術、知識だけではなく、環境変化に対応できる基礎力もアピールしなければならなくなっているということだ。特にICT（情報通信技術）のツールの進化スピードは速く、意識的に学ぼうとする努力は不可欠である。それ以外にも、AI（人工知能）やディープラーニング（深層学習）などの日々進化する技術にもついていけるだろうか。

多くの人が関係ないと思っていたとしても、実際に人間が行う仕事の多くを、AI やロボットが奪っていくことは想像に難くない。その社会で、これからも 10 〜 20 年も働き続ける私たちは、目を背けるのではなく、その仕組みを最低限理解する程度の学びは、必要になってくるだろう。「インターネットは私の生活に関係ない」と言っている高齢者は生活が不便になるのと同様に、AI やディープラーニングを理解して、最低限触れるようにならないと、生活が不便になるだけでなく、仕事の選択の幅も狭くなってしまう。

年下の同僚から「柔軟性に欠けるから一緒に働きづらい」と評価が定まってしまっては、重要なプロジェクトのチームに呼ばれる機会は減っていく。成果を出すチャンスが減ると、当然、賃金も減る。せっかく培ってきた能力を発揮する場面もなく、ただ無為に会社に通い続ける。そんな末路は誰も望まないはずだ。

実際のところ、高齢層の雇用形態は、非正規雇用が増加する傾向にある。もちろん、体力的な問題や家族の状況など様々な事情がこの背景にはあるが、中には「労働市場に対して強気で自分を売り込むことができれば、もっといい条件で再就職・再雇用ができた」という人は少なくないはずだ。

定年年齢を過ぎてから自分を高く売り込むことは、十分に可能である。あらかじめしっかり先手さえ打っておけば。その先手とは例えばこんなアクションだろう。

52歳の今から準備できること

働き方と生きがいリスクに効く処方箋(クスリ)

❶「定年後も働く」意思を持つ

❷ お金と生きがいを増やすシニア起業や、今の仕事の延長線上で働いて定年をなくす

❸ どこでも通用する「ポータブルスキル」を磨く

「働く」ことと「お金」は切っても切れない関係にあります。

私たちは、働くから、お金を得られます。

では、私たちは「お金のために」働いているのでしょうか。

きっと、それだけではありませんよね。

仕事を通じて得られるやりがいや自信、成長や達成感、人とのつながり、誰かに喜ばれて社会に貢献できているという感覚……。「働く」を通じて得られる喜びはお金だけではないことを、社会に出て20年、30年と働いてきた人ならばきっと知っているはずです。

一方で、現実的には、50代まではどうしても「生活のための収入の確保」という目的が先に立つことも事実です。

自分と家族が明日も1週間後も1年後も平穏な日常を送るために。子どもの進学の希望をかなえるために。ちょっと背伸びして買った住宅のローンを定年までに完済するために。

　目の前の生活のために、みんな必死に働いています。それはあなただけでなく、みな同じです。
「家族のためなら」と必死に働く日常の中には、時に無理をして残業をしたり本当はやりたくない仕事まで引き受けたり、といったこともあるでしょう。本来はやりがいを感じられたはずの仕事であっても、義務感が先に立つようになると、「給料＝つらい仕事を頑張る対価」という感覚が増していくものです。

　だから、「定年＝つらい仕事を卒業できるゴール」という感覚を多くの人が持つのは当然だと思います。

　でも、ここで働くことを本当にやめてしまうのはもったいない。働き方のリスクを解消する1つ目のポイントが、**❶「定年後も働く」という意思を持つことです。**

　せっかく「生活のためにあくせく頑張る仕事」を卒業できるのですから、定年後こそ、あなたが心からやりがいや楽しみを感じられる仕事にゆっくりと向き合ってみませんか。

　想像してみてください。住宅ローン返済や子どもの教育費から解放され、心軽やかに好きな仕事に好きなだけ打ち込める日々を。

その時に、あなたが働く動機となる一番の目的は「生活のためのお金」ではなくなります。

自分が好きで得意なことを通して得られる「ありがとう」という感謝の言葉、地域とのつながり、世の中に貢献できているという生きがい。これらはすべて「社会への貢献」であり、お金はその対価です。**「つらい仕事を頑張る対価」から「楽しみながら社会に貢献する対価」へ**。同じ「働く」から得られるお金の意味はまるで変わってきます。一度きりの人生ですから、後者のお金の価値を味わってみたいと思いませんか？

定年より早めに住宅ローンを完済できた、あるいは老後も苦労しないほどの十分な資産形成ができた場合には、遊んで暮らしたいと考える人もいます。いわゆる「ハッピーリタイア」です。

「生活のためのお金を稼いだら、働く必要はない」という考え自体は間違っていないかもしれません。でも、私はそれでは人生の価値を狭めてしまうと思うのです。

私たちは一人では生きていけない存在です。呼吸をし、食べて寝て、散歩する。ただそれだけの生活でも、目には見えないつながりの中で様々な人たちからの恩恵にあずかっています。人の恵みはもちろん、自然からの恵みだって受け続けているのです。それはいくつになっても変わらない、人間の営みの真理です。

そのことに気づけば、「自分の暮らしの分は稼いだから、もう働かなくていい」という考えがいかに独りよがりかがわかります。同じように「自給自足」という考えにも私は賛成できません。"周りにお返しする"という気持ちが感じられないからです。

　だから、定年を迎えてからも、どんなに小さなことでもいいから、自分ができることを社会に提供し続けることが大切。
　そして、楽しみながら社会に貢献するには、「人に喜ばれ、求められる仕事」ができる人材であることが前提になります。

「人に喜ばれる特技なんてないんだけどなぁ」とため息をつきかけた方に、私の知人のHさんのお話をしましょう。

　Hさんはマンションの管理会社に雇用されたサラリーマンとして、長年、清掃の仕事に携わっていました。

　月収は20万円に満たない額で決して高給とはいえませんでしたが、真面目で誠実なHさんはどんな小さな仕事でも手を抜かず、毎朝決まった時間に出勤し、隅々まで廊下を掃き、ゴミ置場をいつも清潔に整えていました。住人とすれ違うと、にこやかに挨拶を交わし、誰もがHさんを信頼していました。

　そんな真面目なHさんが、いよいよ勤務先の会社で定年を迎えた時のことです。

清掃を担当していたマンションの住人の一人から声がかかったそうです。

「私はいくつかのビルを所有するビルオーナーです。私が管理しているほかのビルの清掃をぜひ、長期的にお願いできませんか？」

　Hさんの仕事ぶりが信頼となって、次の仕事を呼び込んだのです。
　現在、Hさんはもともと得意な清掃のスキルで継続的に収入を得ながら、いきいきと毎日を楽しんでいます。清掃の仕事は午前中のうちに終わるので、午後は趣味のシニアサッカーで体を動かしたり、サッカーコーチとして地域の子どもたちを指導したりと充実の生活です。数年前にはお孫さんも生まれ、「孫の世話も頑張っているよ」と笑顔で話していました。

　求められて続けている毎日の仕事が生活の一部となり、健康的でアクティブなシニアライフをつくっている素敵なモデルケースではないでしょうか。

　Hさんの例から私たちが学べるのは、**「得意かつ人に喜ばれる仕事」というのは何も今とかけ離れた分野で見つけるものではなく、目の前の仕事の中や延長線上にある**ということです。このように❷**「今の仕事の延長線上で働く」、もしくは「シニア起業する」など、定年をなくす考え方**も、働き方リスクの解消につながります。

　目の前の仕事に一生懸命取り組んでいたら、誰かがきっと見てく

れているものです。

「生活のために頑張る仕事」がいつか「社会に貢献できる仕事」へと発展するかもしれない。そう思えば、定年を迎える前の仕事も前向きに取り組む気持ちが湧いてきませんか。

定年後の「働く」をより楽しくするために、もう少し考えを進めていきましょう。

目の前の仕事に誠実に取り組むということと併せて始めるといい準備が「他人より得意なことを明確に言えるようになる」ということです。

「ほかにどんなことができますか？」「一番得意なことは何ですか？」と聞かれた時に即答できるように、自己分析をするのです。

目安は、「30人中1番」と言えるくらいのレベルです。難しいスキルでなく、なんでもいいと思います。

中国語の日常会話レベルをマスターしている。本を読むのが速い。ギターを弾ける。初対面で会った人とすぐに打ち解けられる。

30人中1番になれる得意分野を見つけるコツは“細分化”してみることです。例えば、「コンピューター」の分野に長けている人は地球上にごまんといますが、コンピューターの中でも「アップル製

品」に限定し、「iPhone」に絞り、さらに「iPhone の〇〇関連のアプリ」にまで絞り込めば、その分野では「30人中1番」詳しいということはできそうですよね。

　こうやって、自分の得意かつ好きな分野を言語化する作業を試みて、それを意識して行動するだけでも、自分をアピールする時に役立ちます。

　大事なのは、それを好きで楽しいと思えることです。好きで楽しいことであれば、人は誰にいわれなくても頑張れますし、結果、成果が伴って収入にもつながっていきやすいからです。

　❸どこでも通用する「ポータブルスキル」を鍛えておくことも大事でしょう。
　特にシニアといわれる年代になった時に意識したいのは、「昔はなかったのに今はよく使われているビジネスツール」に対応できる力です。昭和の時代に当たり前だったFAXでのやりとりも今やほとんどメールに取って代わられたように、今後も職場のコミュニケーションツールは進化していくことは必至です。

「わからないことは全部、部下にお願いしてやってもらっていた」という人は特に今が意識を変えるタイミングです。なぜなら定年後に新たな職場に移った時、多くの場合は自分が誰かの部下になることが多いからです。そしてその習得に数年ほどの時間はかかってしまうからです。

わからないことは素直に聞いて自ら学ぶ。柔軟に学ぶ姿勢があってこそ、どんな環境にも適応できる力が身につくのだと思います。

　好きで得意な分野で社会に貢献できる仕事を重ね、徐々に信頼を得ていけば、一社に雇われるのではなく、フリーランスの形態でより自由に活躍の場を広げるということも可能です。

　定年退職が「働く」ことの卒業ではなく、もっと楽しいステージへの入り口となるように。今からできる準備を始めていきましょう。

第 **4** 章

住まい

"長生きリスク"に効く処方箋(クスリ)

住まいのリスクを理解しよう

　20代は社員寮生活を送り、30歳までに結婚。通勤片道1時間の郊外に庭付き戸建てを購入する。住宅ローンはボーナス払いでせっせと繰り上げ返済し、60歳の定年退職時にはきれいサッパリと完済。老後は満員電車から解放され、生活至便な施設が整った郊外でゆったりと暮らす。

　親の世代の頃にはこんな人生設計がごく一般的だった。実際、「人生計画とはこういうものだ」と親から直に聞かされて育ったという人もいるだろう。

　しかし、住まいを取り巻く状況は、昭和の高度経済成長期とは大きく様変わりしている。
　景気の回復が実感できない状況で、若年層の給料は低水準が続き、社宅をはじめとする手厚い福利厚生を備える企業も少なくなってきた。つまり、若いうちに住宅購入のための貯蓄がしづらい状況が続いている。

　収入や貯蓄の伸び悩みは、結婚にも大きく影響する。晩婚化は進み、東京都の平均初婚年齢は男性で32.4歳、女性で30.5歳といずれも過去最高に（厚生労働省「2015年人口動態統計月報年計（概

平均初婚年齢の年次推移（全国）

— 男性　— 女性

35歳

31.1

30歳

28.5

29.4

26.3

25歳

1995年　2005年　2011年　2012年　2013年　2014年　2015年

出典:厚生労働省「2015年人口動態統計月報年計(概数)の概況」

数）の概況」）。婚姻率も減少し続けている。

　結果、初めて住宅を購入する年齢も上昇。住宅金融支援機構の調査によると、住宅ローン（フラット35）利用者の年齢構成は2006年には30代が59.8%、40代が18.6%だったのが、わずか10年後の2016年には30代は44.5%に減少。40代は24.9%に増えている。

　この調査のうち、40代、50代、60歳以上の住宅ローン利用者を加えると、41.9%に達する。ローンを組んで住まいを買う人の実に5人に2人以上が40代以上という時代に来ているのだ。

　住宅ローンの契約年齢が上がるということは、返済が完了する年齢も後ろ倒しになるということ。

　一般的な住宅ローン返済期間である35年をそのまま当てはめると、40歳で購入した場合の完済年齢は75歳、45歳で購入すると80歳になる。

　70代、80代になっても住宅ローンを返済できる経済的ゆとりを、どれだけの人が準備できるだろうか。

　住宅を購入するタイミングというのは、たいていの場合、「今なら買える」と思える収入を得られている時期だろう。その人にとって"収入の上り坂"を実感できる時には、人生最大の買い物に対して背伸びしがちだ。

「ちょっと返済がキツイかな……。でも、せっかく自分の城を買えるチャンスなんだから、ローンを組めるだけ組んで、頑張ろう！」

　そんなふうに背伸びをしたくなる心理が働くのが住宅購入の危ないところ。その後、本当に収入が上がり続ければいいのだが、第3章で述べたように、役職定年制度の導入も増える昨今では収入のピークは50代前半になっている。

　退職金もあてにならない。そして本当の定年退職を迎えた後には、運良く再就職できたとしても収入はガクンと下がる。

　こういった現実的な想定を描けていたかどうか。現在、住宅ローンを抱えている人は、もう一度、返済計画を見直したほうがいい。

「自分は賃貸派だから関係ない」と思っている人も注意が必要だ。

　賃貸住宅の良さは、その時の生活状況に合わせて気軽に住み替えができる自由度の高さであり、そういったライフスタイルを好む人にはうってつけだ。

　加えて、「経済的にも、購入派と比べて大きなデメリットはない」という説がよく知られていることも、賃貸派の背中を押していたはずだ。

　すなわち、月々の家賃支出を生涯支払った場合の総額と、住宅を

購入して利息も含めて支払う総額では、大した違いがないという説。雑誌などでも頻繁に「賃貸派 vs. 購入派 どっちがトク？」といった特集が組まれていた。

　しかしながら、この損得の方程式は、急速に進むある社会変化によって根本から覆ろうとしている。

　それは"長生き"という変化だ。

　人生70年、80年の時代にはたしかに賃貸コストと購入コストは拮抗していた。だが、寿命が90年、100年となり、長生きが珍しくなくなるといわれているこれからの時代には、"完済"という概念のない賃貸コストは膨大になる。

　長く生きるほどお金がかかる、という「長寿リスク」をはらむのが、賃貸住宅に住み続けるという選択なのだ。

　総務省統計局の2017年住宅・土地統計調査によると、65歳以上の約2割が賃貸住宅で暮らしている。この2割の人たちが、これから先ずっと家賃を払い続けるだけの貯蓄を備えていたらいいのだが、もしそうでない場合は、近い将来には非常に切迫した状況になるかもしれない。

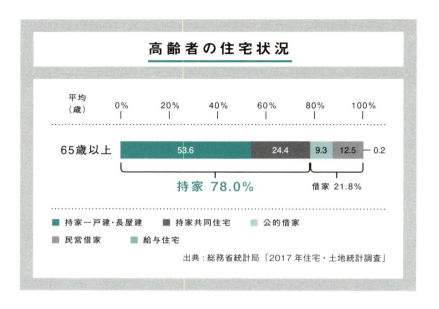

　仮に85歳まで生きたとして20年もある。月の家賃が10万円だとしても、年間120万円。総コストは20年で2400万円にもなる。家一軒が買えてしまう金額になる。

　賃貸住宅の良さはもちろんある。しかし、今日や明日に享受できるメリットに気をとられ、将来間違いなくやってくる負の側面が見えていなかったとしたら、姿勢を正したほうがいいだろう。

　購入派も、「もう終の住み処を手に入れているから安泰だ」とあぐらをかくにはまだ早い。

　今住んでいる街が快適で便利な環境だったとしても、20年後に同

じ環境が維持されているとは限らないからだ。

　特に、子育てなどに適した郊外で住宅を購入したという人は、注意しておいたほうがいい。

　キーワードは「コンパクトシティ・プラス・ネットワーク」。国土交通省が長期計画として掲げる「国土のグランドデザイン2050」の一環としてすでに実行中のプロジェクトであり、超高齢化・少子化が進む社会のインフラ提供の効率化、社会資源の集中を目指している。簡単にいうと、過疎化エリアに住む人を減らし、便利な都市エリアに住む人を増やす、というプロジェクトである。その方法として、過疎化エリアの道路整備や水道管メンテナンスなどの公共サービスを抑えて、住みやすい都市エリアに移転させるというもの。

　全国の国土を1㎢単位で精査すると、2050年までに人口が半分以下になる地域は、現在の居住地域の6割以上。うち2割には人が住まなくなると推計されている。

　一方で人口が増加する地域の割合は約2％に限られ、主に大都市圏に集中している。
　労働力人口も減り、税収の確保も厳しくなる流れの中で、人がほとんど住まなくなる地域に公共サービスを行き届かせるのは非合理である。人口が集中する都市部に質の高いサービスを提供し、それらの都市部をネットワークで結ぶ。

そんな構想を国を挙げて進めているのである。

　すでに東京郊外でもかつてのベッドタウンが住民の高齢化によってゴーストタウン化し、食品スーパーなども撤退した結果、"買い物難民"が生まれている、といった現象が表面化している。

　親世代のように、「定年後は郊外でのんびり暮らす」という生活には程遠い将来がすぐそこまで来ている。日本全国津々浦々、どこに行っても同じサービスが受けられるという、太っ腹な政策はできないと政府が宣言しているのだから。

　日本の人口が減るのに伴って、不動産の価値も二極化し、「郊外庭付き戸建て」の資産価値は確実に下がっていくだろう。子どものために残すのもかえって迷惑がられるかもしれない。

　そろそろ子どもの独立も視野に入ってくる時期だとしたら、住み替えを検討するタイミングといえそうだ。

　もう一つ、住まいに関して忘れてはならないのが、「空き家」の問題だ。

　もしも地方に暮らしている（あるいは生前暮らしていた）親の住居が空き家になっていたとしたら、それはそこに「ある」だけで莫大なコストを生む負の資産となっている。

従来、固定資産税・都市計画税には「住宅用地の特例」という優遇策が長らくとられており、何もない更地（空き地）よりも、住宅が建っている土地のほうが格段に納税額が安かった。

「更地にすると税金が高くなる」という理由で、誰も住んでいなくても家を解体せずにそのままにする人が多くなり、結果、空き家が急増した。

　総務省統計局2014年「住宅・土地統計調査」によると、空き家の総数は1993年から2013年までの20年間で448万戸から820万戸と約2倍に増加している。

　空き家が増えると地域の治安を悪化させたり、放火などの危険性も増えるため、政府も本格的に〝空き家一掃〟の政策に本腰を入れ始めた。

　それが2015年からの特定空き家の税優遇の適用廃止。これまで3分の1、ないし6分の1まで圧縮されていた「住宅付き土地」への税制優遇制度が撤廃されたのだ。つまり、適正な管理をなされていない空き家には、これまでの3〜6倍もの税金が降ってかかるようになった。

　もしも今すぐに親が何も言ってこなかったとしても、そのツケはいずれ子ども世代に回ってくる。

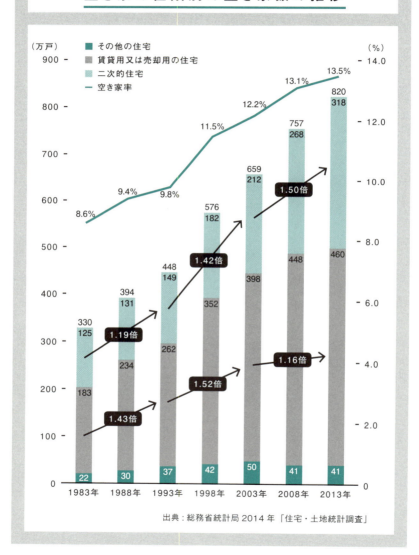

将来住む見込みがない空き家は処分することを検討したほうが得策である。

　毎日の生活に深く関わる住まいに、これまでの常識では考えられなかったリスクが増大していることがおわかりいただけたはずだ。

　そのリスクを最小化する術は、もちろんある。

　これから一つひとつ、確認していこう。

52歳の今から準備できること

住まいリスクに効く処方箋(クスリ)

❶ 住宅ローンは完済計画を見直す
❷ 賃貸か購入か迷っていたら、100歳までの総住居費で算出する
❸ 都心への住み替えを検討する
❹ 実家の空き家は一日でも早く正しく処分する

　定年後の暮らしを思い描く時、そのシーン設定に欠かせないのが「どんな住まいに暮らしているか」というイメージです。

　マイホームを所有している人なら、一生懸命働きながらローン残債を減らしてきたその年数だけ愛着も増していることでしょう。

　住まいの満足度は、日々の生活、ひいては人生そのものの満足度に直結します。住まいに関する心配事はできるだけ取り除き、安心して老後を迎えられるよう、これから準備をしていきましょう。

今すぐ大きなお金は必要ありません。備えるべきは知識です。

住まいのリスクを解消する1つ目のポイントが、**❶住宅ローンの完済計画の見直し。**

そしてまず、きちんと計画を立てておきたいのが、住宅ローンの返済についてです。

若い頃は仕事に忙しくて結婚を決める年齢は遅かったという方は最近とても増えています。また、ある程度の年齢を迎えて「これから先も一人かな」と見込みが立った時点で、独身で暮らすための家を購入したという方もいるのではないでしょうか。

ローンの返済期間をどう設定するかは人それぞれですが、「労働収入がなくなるまでには完済できる」という見込みが立っていると安心です。

できれば定年までに、月々の無理のない返済で住宅ローンを完済できるのが理想的ですが、なかなかそうはいかないという人もいらっしゃいますよね。

その場合は、定年後に発生する分の返済額を計算し、その分を65歳までに貯めておけばいいのです。

あと10年以上先の定年の年、ローン残高がいくらになっているかをまず、確認してみましょう。その額を定年までに貯められるかどうか、ざっくり計算してみます。

また、もしも金利が高い時代にローンを組んでいたとしたら、「借り換え」もおすすめです。これから払っていく予定の住宅コストが圧縮されたら、毎月のローン返済も楽になりますし、その減った分だけ貯金が増えるので、低金利時代の今、最も効果的なコスト削減方法となります。

　そして住宅ローン金利が低くなったら、そのローン金利以上の利回りが得られる投資があれば、投資や資産運用を過剰に怖がる必要はありません。これは第9章で詳しくお伝えしますが、住宅ローン金利が低い時代だからこそできる、効果的な資産運用方法でもあるのです。

　そして、借り換えの際に注意したいのが、月々の返済額の設定です。もしもあなたが今52歳だとしたら、人生で今が一番収入が多いピークである可能性が高いことを常に頭の片隅に置いてください。

　今がピークということは、将来は今よりも収入が下がる確率が高いということですので、「今無理なく返せる金額」よりもさらにゆとりを持って返済計画を立てるように。未来の自分から「ちゃんと考えてくれて、ありがとう」と感謝されるような、やさしい計画を用意してあげましょう。

　「無理ない返済計画」の目安となる数字を一つ。**家計における住宅費は、手取り収入の25％以下に抑えるのが良いでしょう。**この範囲に収めれば、家計全体を圧迫することはあまりありません。

50代前半の時点では、65歳以降も働けるかどうかの計画がまだ立っていない人がほとんどだと思います。労働収入がまったくないことも想定して年金収入だけの金額から導き出すと、リスクはほぼゼロになります。あるいは年金収入にプラスできる貯蓄の準備を今から始めておき、その合算から導くのもいいでしょう。

　貯蓄よりもさらに心強いのは、働く期間を延ばすこと。定年後も働きに出ると考えたら、都市部近くに住居を構えていたほうが、仕事の種類も多いので選択肢が増え、仕事も早く見つかり、そして通勤も楽になるでしょう。さらに都市部のほうが、給与が高くなります。全国の最低賃金で比較しても、都市部と地方の賃金比較では25％以上の給与の差が生まれ、都市部のほうが収入が多いのです。

　その割には、最近では大手流通チェーンが、コンビニエンスストア・スーパーマーケット・薬局・家具店などの生活必需品の市場を握っていて、どの地域で買っても値段がほぼ同じなので、地方も都市部もあまり生活コストが変わらなくなってきているのです。国土交通省の考えるコンパクトシティ計画の上では、収入が高く、生活コストが地方と変わらない都市部が、金銭的にメリットになるという現実にも、目を向けておくと良いでしょう。

　「賃貸住宅を住み替えるのが好き」という方は、ぜひご自身が大切にしてきたライフスタイルを満喫していただきたいと思います。

　人生で何に重きを置くかという価値観は人それぞれですし、誰も

人の自由を奪う権利はありません。かつ、お金だけが判断軸になっては豊かな人生とはいえません。

　ただし、「一生涯、家賃がかかり続ける」という金銭的リスクがあることだけはきちんと理解しておき、将来慌てることのないように準備をしておいてください。

　住まいのリスクを解消する2つ目のポイントが、**❷賃貸か購入か迷っていたら、100歳までの総住居費で算出してみることです。**

　新聞やテレビで取り上げられることが多い総務省の家計調査に基づく「老後の平均支出」の金額には、家賃が含まれていない点も要注意です。シミュレーションの前提は「持ち家」ということになっていますので、賃貸住宅に生涯暮らす場合には、月々の家賃も加算して考えないといけないですね。

　もし「年をとってからのことを考えると、やっぱり購入しておこうかな……」と気が変わったとしたら。もちろん今からでも十分に間に合います。

　賃貸か購入か、いずれか迷ったとしたら、「100歳までの総住居費」を計算することで、一つの判断材料となります。

　老後の暮らしを想定して買うとしたら、郊外ではなく都市部、東京であれば都心を選ぶといいと思います。

　政府主導の政策で今後は生活に必要なインフラが都市部へと集中

していくことが見えています。

　都市部には企業も多く、その分、税収は豊か。結果、道路のバリアフリー率が高かったり、公共交通機関のネットワークが隅々まで充実していたりと、生活者が受け取れるメリットがたくさん。交通網が発達していると、交通費の節約にもなり、いざという時に頼りたい医療も都市部なら充実しています。

　便利な街には人がどんどん増え、さらに便利になっていく。コミュニティも活発で、孤立化しにくいという良さもあります。
　住まいのリスクを解消する３つ目のポイントが、**❸都心への住み替えの検討**です。

「老後は都へ」は、すでに住宅を所有している方々が「住み替え」を検討する時にも同じことがいえます。

　老後の住まいというと庭付き戸建てを思い浮かべる人が多いかもしれませんが、ゴミ捨て場の掃除や外壁や水道管のメンテナンス、庭の草木の手入れなど、実は高齢者に負担がかかりやすい側面も戸建て住宅にはあります。

　そうはいっても、住み慣れた家から離れるのは寂しい。その気持ちも、よくわかります。

　でも、一番大切にすべきは、あなたや家族が心から安心して暮ら

せる生活です。それをより実現しやすいのは、どこでどう暮らす住まい計画なのか、ゼロから考えてみるのは決して悪いことではないはずです。

子どもの独立や夫婦のどちらかが先立った時など、家族の状況が変化したタイミングで、「都心のマンションに引っ越す」というのも賢い方法ではないでしょうか。

老後の住まいを考える時に、体が不自由になるケースを見越してバリアフリー改修を検討するのも、将来の暮らしを楽にする賢い方法。この時、ぜひセットで考えたいのがバリアフリー改修に適用される減税や助成金の制度活用です。

最後に、「親の家」についても少し考えておきましょう。
住まいのリスクを解消するには、**❹実家の空き家の処分がポイントになります。**
もしも、あなたの親が残した家がそのまま空き家になっていて、将来を通して誰も住む見込みが立っていないとしたら、一刻でも早く正しく処分することをおすすめします。

あなた自身が今すぐ喜んで住みたいような場所や住居であるなら、それだけの資産価値があるはずですが、もしそうでなければ、他人にとってもすぐに買いたいと思わせる魅力を持たない可能性が高いのではないでしょうか。
国内の住居の資産価値は一般的に時間を経るごとに低下していき

ますから、一日でも早く現金化するほうがいいのです。

　空き家に対する税制も厳しくなっていますので、ただ空き家を所有しているだけで、支出源として家計を圧迫するリスクがあります。

　とはいっても、ものごとはお金だけで判断できるものばかりではありませんよね。

　あなたが「でも……」と躊躇する気持ちはきっと、幼い頃に過ごした思い出や、親が大切にしていた暮らしの風景を奪うことへのためらいなのだと思います。

　では、このように考えてみるのはいかがでしょうか。
　物質はいつかは消えてしまうけれど、思い出を永遠に残すことはできる。

　例えば、デジタルカメラで家の中の風景をきれいに撮影して、素敵なアルバムにしてみる。最近は、個人が簡単に利用できるデジタルフォト保管サービスもありますし、デジタルデータならいつまでも色褪せることなく、家族の思い出として残ります。

　家という物質を売って手放すことと、思い出を手放すことは違う。そう考えるだけで、向き合い方は変わるはずです。

　親がまだまだ元気に暮らしている家についても、将来に向けての準備をしておくことをおすすめします。

第**4**章

住まい

93

家の中に物が多いとしたら、不要な物を手放して、大切な物だけ残す、前向きな片付けを進めていきましょう。

「まだ十分に使えるけれど、もう要らない」という物は、「メルカリ」や「ヤフオク！」といったフリーマーケットサービスやネットオークションなどを活用して上手に現金化を。かつてお金で買ったものを、もう一度、お金に戻すのです。
　不要品だと思っていた物が、誰かの手に渡ってまた息を吹き返し、使い手にも喜んでもらえる。リユースマーケットならではのプラスの循環を楽しめます。

　片付けをする中で、あなた自身がずっと手元に置いておきたい思い出の物が見つかったら、譲ってもらうのもいいでしょう。

「実家の片付け」というと、どうしても義務的な印象があるかもしれませんが、物を通して意外なエピソードに触れたり、思い出話に花を咲かせたりと、家族にとって貴重なコミュニケーションの機会にもなるはずです。

第 5 章

健康・医療

"長生きリスク"に効く処方箋(クスリ)

健康・医療の
リスクを理解しよう

　高齢になった時の不安材料として、「健康問題」がまず浮かぶという人も多いだろう。

　年をとれば今よりも確実に落ちていく体力と気力。一つも病気をすることなく、寿命を迎えられるという人は滅多にいない。

　長寿は喜ばしいことだが、老年生活の大半が寝たきりであれば本人としてもやり切れず、家族にとっても負担となる。

　自立した日常生活を送るのに支障のない心身を維持する「健康寿命」が延びれば万歳。しかしながら実際には、平均寿命と健康寿命の差は男性で9.13年、女性で12.68年という平均値となっている。

　この差はいわば日常生活に制限のある「不健康な期間」。不健康な期間が拡大するほど、医療費の支出は増え、貯蓄を食いつぶしていき、家族にも負担をかける大きなリスクになる。

　今後増え続ける高齢者の医療依存度が高まることは、個人の財布を圧迫するだけでなく、国の財政をも締め付ける。
　病気やケガの治療のために全国の医療機関に支払われる医療費

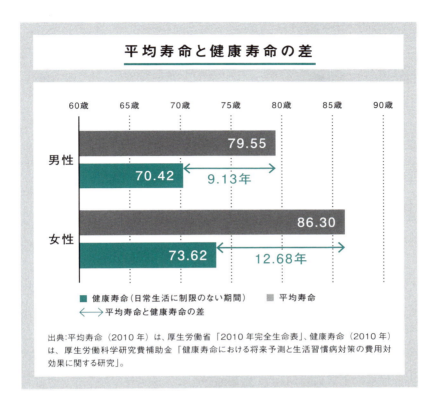

出典:平均寿命（2010年）は、厚生労働省「2010年完全生命表」、健康寿命（2010年）は、厚生労働科学研究費補助金「健康寿命における将来予測と生活習慣病対策の費用対効果に関する研究」。

は、2016年度の概算で41兆2865億円。そこからたった9年後の2025年度には、31％増加し54兆円にまで達するという試算もある。

　個人が医療機関の窓口で支払う自己負担が3割以下にとどまる健康保険医療制度は、日本が世界に誇る社会保障スキームであり、誰でも公平に高水準の医療が受けられる制度のおかげで、世界一の長寿国へと発展したのは事実だろう。

しかし、その結果もたらされた高齢化・長寿化によって、この制度そのものが破綻へと向かっているのだから皮肉だ。

　国も危機感を持っている。制度破綻を食い止めるための策として、着実に進めているのが自己負担割合の拡大だ。

　特に高齢者の自己負担割合を増やす政策へとシフトしており、現役並みの所得があれば、現役世代と同じ「３割負担」となる（右の図表、参照）。

　高齢者のニーズが高い湿布薬処方について診療１回あたりの枚数を国が制限した、というニュースも記憶に新しい。これも、過剰な医療費の垂れ流しを食い止める策である。

　負担増のメスは、「高額療養費制度」にも入っている。

　高額療養費制度とは、家計に対する医療費の自己負担が過重にならないように、月々の自己負担に一定の歯止めをかけるための仕組み。健康保険適用の治療であれば、たとえ100万円かかる医療を受けても実際に支払う自己負担は10万円未満で済むという補助制度だ。申請さえすれば誰でも受けられるので、家計の医療負担を軽減するのに大きな助けとなってきた。

　特に、継続的に病院のお世話になったり、突然の大病に見舞われ

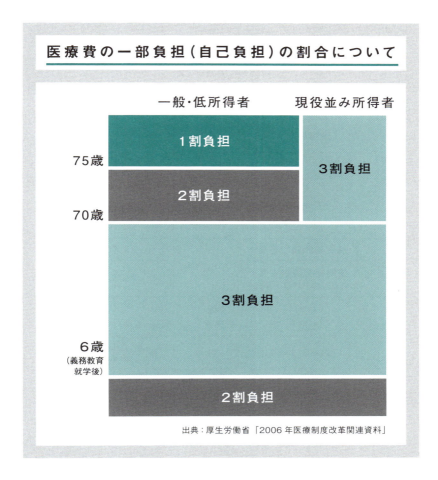

るリスクが高い高齢者にとっては、頼みの綱である。

しかし、そうもいっていられないのが日本の財政の現実だ。

政府はこの高額療養費制度に関して、70歳以上の自己負担割合を2017年8月以降、段階的に引き上げていくことを発表した。

2018年7月までの高額療養費制度

(2017年8月制度変更)

見直し前(2017年7月診察分まで)

	適用区分	外来 (個人ごと)	ひと月の上限額 (世帯ごと)
現役並み	年収約370万円〜 標報28万円以上 課税所得145万円以上	44,400円	80,100円+ (医療費-267,000)×1% 〈多数回44,400円 ※2〉
一般	年収156万〜約370万円 標報26万円以下 課税所得145万円未満(※1)	12,000円	44,400円
低所得者	Ⅱ 住民税非課税世帯	8,000円	24,600円
	Ⅰ 住民税非課税世帯 (年金収入80万円以下など)		15,000円

見直し後(2017年8月診察分から)

	適用区分	外来 (個人ごと)	ひと月の上限額 (世帯ごと)
現役並み	年収約370万円〜 標報28万円以上 課税所得145万円以上	57,600円	80,100円+ (医療費-267,000)×1% 〈多数回44,400円 ※2〉
一般	年収156万〜約370万円 標報26万円以下 課税所得145万円未満(※1)	14,000円 (年間上限 14万4,000円)	57,600円 〈多数回44,400円 ※2〉
低所得者	Ⅱ 住民税非課税世帯	8,000円	24,600円
	Ⅰ 住民税非課税世帯 (年金収入80万円以下など)		15,000円

※1 世帯収入の合計額が520万円未満(1人世帯の場合は383万円未満)の場合や、「旧ただし書所得」の合計額が210万円以下の場合も含みます。
※2 過去12カ月以内に3回以上、上限額に達した場合は、4回目から「多数回」該当となり、上限額が下がります。

出典:厚生労働省ウェブサイト「高額療養費制度の見直しについて(概要)」

2018年8月以降の高額療養費制度

(2018年8月制度変更)

見直し前(2018年7月診察分まで)

適用区分		外来 (個人ごと)	ひと月の上限額 (世帯ごと)
現役並み	年収約1160万円~ 標報83万円以上課税所得690万円以上	57,600円	80,100円+ (医療費-267,000)×1% 〈多数回44,400円 ※2〉
	年収約770万~約1160万円 標報53~79万円 課税所得380万円以上		
	年収約370万~約770万円 標報28~50万円 課税所得145万円以上		
一般	年収156万~約370万円 標報26万円以下 課税所得145万円未満(※1)	14,000円 (年間上限14万4,000円)	57,600円 〈多数回44,400円 ※2〉
低所得者	Ⅱ 住民税非課税世帯	8,000円	24,600円
	Ⅰ 住民税非課税世帯 (年金収入80万円以下など)		15,000円

見直し後(2018年8月診察分から)

適用区分		外来 (個人ごと)	ひと月の上限額 (世帯ごと)
現役並み	年収約1160万円~ 標報83万円以上課税所得690万円以上	252,600円+(医療費-842,000)×1% 〈多数回140,100円 ※2〉	
	年収約770万~約1160万円 標報53~79万円 課税所得380万円以上	167,400円+(医療費-558,000)×1% 〈多数回93,000円 ※2〉	
	年収約370万~約770万円 標報28~50万円 課税所得145万円以上	80,100円+(医療費-267,000)×1% 〈多数回44,400円 ※2〉	
一般	年収156万~約370万円 標報26万円以下 課税所得145万円未満(※1)	18,000円 (年間上限14万4,000円)	57,600円 〈多数回44,400円 ※2〉
低所得者	Ⅱ 住民税非課税世帯	8,000円	24,600円
	Ⅰ 住民税非課税世帯 (年金収入80万円以下など)		15,000円

※1 世帯収入の合計額が520万円未満(1人世帯の場合は383万円未満)の場合や、「旧ただし書所得」の合計額が210万円以下の場合も含みます。
※2 過去12か月以内に3回以上、上限額に達した場合は、4回目から「多数回」該当となり、上限額が下がります。

課税所得 145 万円未満の一般的な 70 歳以上の月の上限額（同じ保険者に属する世帯で）は、2017 年 7 月以前は 4 万 4400 円だったが、同年 8 月以降は 5 万 7600 円に。課税所得 145 万円以上の現役並み収入がある 70 歳以上に関しては、2018 年 8 月以降、所得のレベルを細分化した上で最大 25 万円以上まで引き上げる。

　こういった一連の流れは今後も加速していくことが予想される。

　かつては、"お年寄り" と呼ばれる年齢になれば、医療費も公共交通機関もタダ同然で利用できるようになり、"長寿はトク" と感じられる世の中だったかもしれないが、このようなサービスはどんどん減らされていく。

　お財布に関しては、むしろ "長寿はリスク" になると覚悟しておいたほうがいい。

　実際にどれくらいのお金が必要になっていくのか。現状から見てみよう。

　総務省統計局の家計調査（2015 年）によると、2 人以上の高齢者世帯で年間にかかる「保健医療費」は月額 1 万 5057 円。

　65 歳から 90 歳までの 25 年間でずっとこの金額がかかるとすると、1 万 5057 円× 12 カ月× 25 年間で計 451 万 7100 円となる。

また、健康保険の保険料も必要となる。74歳まで、働いていれば健康保険組合などの医療保険に加入し、年金受給者は国民健康保険に、一定の障害があり申請した場合や75歳以上の者は後期高齢者医療保険制度に加入することになる。保険料は所得、年金収入額、在住の市町村ごとに異なる保険料率（国民健康保険）などによっても変わってくるが、医療機関の窓口や薬局などでお財布から出ていく医療関連の支出を合わせて65〜90歳までにかかる医療コストは今後もさらに膨らんでいく。

　現在は1〜3割で収まっている高齢者の窓口自己負担率は、10年後、20年後には4割、5割負担となることも十分にあり得る。

　となれば、今の50代が高齢者となる時代には、医療コストも現在の高齢者が支払っている額の2〜5倍の負担になる可能性があると、厳しく見積もっておかなければならない。

　さらにシビアな予測として指摘されているのが、医療インフラの深刻な不足である。

　例えば、救急車。急増する高齢者に対して救急車の台数は足りず、特に財政が厳しい地方では消防署への配備さえ、ままならなくなる可能性がある。

　少子化で労働力人口が減ることで、救急車に乗る隊員や看護師など医療機関で働く人も不足するので、医療の需給に大きなギャップ

が生まれることは必至だ。

　輸血液や骨髄といった健康な人から採取されるものも、恒常的な不足に陥るだろう。
　つまり、医療を受けたい人すべてが適切な医療を受けられる時代は終わりつつある。

　医療を受けられるか、受けられないか。その違いを決めるのは経済力なのか。私たちが答えを確かめられる未来は、すぐそこまで来ている。

52歳の今から準備できること

健康・医療リスクに効く処方箋(クスリ)

❶ "健康投資"を積極的に続けていく
❷ できるだけ働いて、収入を得ながら健康維持
❸ 睡眠負債を溜めない生活習慣を心がける

　医療の高度な発達によって、私たちは人類が追い求め続けた夢である長寿を手に入れようとしています。

　これはとても喜ばしいことで、そのメリットを最大限に享受するためにも、できる限り健康を維持できる心身のメンテナンスをしていく重要性はますます高まりそうです。

　忙しく仕事に打ち込む人ほど、不摂生になりがちだという事情もあるでしょう。でも、現役時代にずっと頑張ってきたのに、定年を迎えた途端、体がいうことを聞かなくなってしまうというのでは、あまりにも残念ではないですか。

　ということで、健康・医療リスク解消の１つ目として、今日から

すぐにでもスタートしたいのが❶健康になるための消費活動、「健康投資」です。

10年後、20年後の自分の体が健康であるために、どんなものを食べ、どんな運動を取り入れていき、どのように心身を休めていけばいいのか。

長期にわたる人生設計として、積極的に考えていきましょう。

あえて刺激的な表現で伝えてみると、健康はお金で「買えます」。

生活習慣病予防になるサプリメントを買う。高品質な食材を揃えるスーパーに行って、少々割高であっても新鮮で栄養価の高い野菜を選ぶ。パーソナルトレーナーがつくスポーツジムに入会して、"貯筋"をする。2年に1回は、会社の健康診断よりも詳しくチェックできる人間ドックを受けるようにする。

日々の消費活動を意識的に変えるだけで、将来の疾病リスクを遠ざけることができるのです。

こういった健康投資は、必ず将来の自分に返ってくるはずです。

何より、日常の中で「自分自身にお金をかけている」という実感を得られることが、豊かさであると私は思うのです。

どこまでお金をかけるかは、お財布によって無理のない範囲で。トレーニングにお金をかけられないのであれば、通勤時間を利用して

靴を履き替えてウォーキングするといった方法もあるのですから。

　健康にお金をかけたほうがいい、という話をする時に、こんな反論を受けたことがありました。

「でもさ、あまり健康になり過ぎるのも損じゃない？　だって、せっかく掛け金を払っている医療保険がもったいない」

　この反論には一理あります。

　保険会社が提供する医療保険というのは、確率の少ないリスクに備える共助がベースとなっていますので、何度も病気になる人ほど掛け金よりも多く保険金を受け取れるというメリットを享受し、健康な人は払い損になるというのが実態だったからです。

　でも、これからは違います。

　医療関連も含めて様々な個人情報のビッグデータが社会で共有されていくこれからの時代には、医療保険の仕組みも個人に最適化していきます。

　過去 20 年間の健康診断結果の分析や病歴、遺伝の傾向などから、胃がんと心筋梗塞のリスクが高いと判定されたＡさんと、糖尿病のリスクが高いと判定されたＢさんでは、保険の内容が変わる。

　そんな時代が来るはずです。個人それぞれの病気のリスクに対応した保険を選びやすくなっていくのです。

第5章　健康・医療

このような新しい仕組みは、すでに大手保険会社が試験的な運用を始めています。

　医療保険の個人への最適化が進めば、「健康長寿は保険料の払い損」ということはもうなくなります。
　健康でいることは得でしかない。だから、安心して健康投資に励んでいいのです。

　健康維持のためにおすすめなのは、食事や運動といった生活習慣の改善だけではありません。

　私が考える一番の健康法、それは「楽しく働くこと」です。医療・健康リスク解消の２つ目は、**❷できるだけ働いて、収入を得ながら健康を維持すること**。

　社会とつながりながら、自分の好きなことのために頭と体を動かして働くことは、若々しい心身をキープしてくれるはず。

　病気になりにくいことで医療コストが下がるだけでなく、収入まで得られる。マイナスをゼロにするどころか、プラスにまでしてくれるという素晴らしい健康法だと思います。

　健康のために働く人が増えれば、国の税収も増え、財政の建て直しにも貢献できますね。

長く働くためにも、資本となる体のメンテナンスは重要です。

　先に紹介した食事や運動に加え、今注目が高まっているのが「睡眠」の効果です。

　質のいい睡眠をとることは、疲労解消につながるだけでなく、仕事の生産性も向上します。

　仕事の効率が上がってより良い成果を出せたら、周囲からの評価も上がり、収入アップにも発展していくでしょう。

　逆に日常的な睡眠不足が蓄積すると、日中に眠気と闘いながら、集中力や記憶力が低下。疲労が完全に解消されない状態で脳や内臓も疲弊していきます。

　このような状態を最近では「睡眠負債」と呼び、生活習慣病を引き起こすリスクとして警鐘を鳴らす医師もいるようです。医療・健康リスク解消の３つ目のポイントが、**❸睡眠負債を溜めない生活習慣を心がけること。**

　質のいい睡眠のためにできることはいろいろありますが、"投資"という意味でできる一つの方法は、質のいい寝具を揃えること。

　私の知人の経営者は、上質な睡眠のための投資として、毎日体を休めるベッドのマットレスに120万円かけているそうです。

　一見、「高過ぎる」と思うかもしれませんが、高級マットレスは持ちもいいので10年は使えます。

10年は120カ月ですので、120万円のマットレスの価格を"月額"にすると1万円になります。月1万円であれば、スポーツジムの月額会費と同等ですよね。

　彼は忙しくスポーツジムに通う時間をとれないので、代わりに睡眠にお金をかけるという選択をしているそうです。実際の効果は「月1万円以上のリターンがある」と満足しています。

　このように、一時の出費として大きな額に感じたとしても、時間軸で捉え直してみると、ぐんとおトクになるということはよくあります。

　反対に、月額では大した金額ではなくても、それが果てしなく続く出費となる場合には要注意。総額と時間軸の割り算で、支出のよしあしを考えるのが、賢い消費のコツなのです。

　寝具の中で最も「投資効率」が高いのは枕でしょう。枕はどんなに高くても2万〜3万円。清潔を重視して3年で買い替えるとしても、月1000円程度の支出で、熟睡が手に入れられるのです。

　私がよくやるのは、泊まったホテルで気に入った枕があったら購入するという方法です。"お試し"で熟睡効果を確かめているので安心して買えます。

　お金のリテラシーを備えていたら、健康投資も賢く実践できそうですね。

第 6 章

介護

"長生きリスク"に効く処方箋(クスリ)

介護の
リスクを理解しよう

　順調に出世街道を進み、将来を期待されていたはずの優秀なビジネスマンが、突如、辞表を提出する。理由は「介護」——。

　こんな例が、あなたの周りにも見当たらないだろうか。

　総務省の統計によると、いわゆる「介護離職」は2012年に年間10万人の大台を突破。離職はせずとも、働きながら介護に当たっている人は、離職者の約30倍にもなる約291万人にも及ぶ。

　高齢化に伴って、要介護の認定を受ける人の数も右肩上がりだ。

　厚生労働省の「介護保険事業状況報告」によると、要介護の認定者数は2017年3月期の暫定で、631.9万人。うち男性が196.5万人、女性が435.4万人となっている。

　その数は、2000年に218万人、2002年に303万人、2005年に411万人、2011年に508万人とハイスピードで増えており、国の社会保障費を圧迫しつつある。

　しかし、これはまだ序章である。

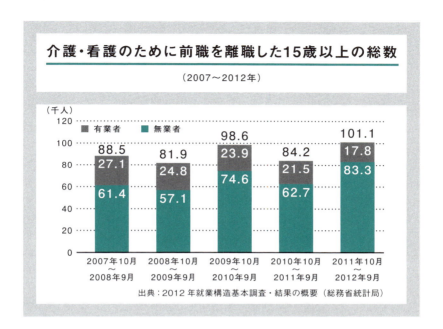

2025年には人口構成のボリューム層である"団塊の世代（1947〜1949年に生まれた世代を指すことが多い）"が、「後期高齢者」区分となる75歳以上に突入する。この年を境に、75歳以上の人口は2200万人に。実に、全人口の4人に1人である。

まさに、日本が「大介護時代」の幕を切るこの年、現在52歳のあなたは60歳を迎えようとしている頃。

自分の定年退職をすぐ前にして、親の介護問題も真正面から降りかかってくる。子育てが終わっていなければ、介護と育児の「ダブルケア」が迫ってくるのである。

要介護度別の状態区分

状態区分	各状態区分の平均的な状態
要支援1	① 居室の掃除や身の回りの世話の一部に何らかの介助（見守りや手助け）を必要とする。 ② 立ち上がりや片足での立位保持などの複雑な動作に何らかの支えを必要とすることがある。 ③ 排泄や食事はほとんど自分ひとりでできる。
要支援2	① 見だしなみや居室の掃除などの身の回りの世話に何らかの介助(見守りや手助け)を必要とする。 ② 立ち上がりや片足での立位保持などの複雑な動作に何らかの支えを必要とする。 ③ 歩行や両足での立位保持などの移動の動作に何らかの支えを必要とする。 ④ 排泄や食事はほとんど自分ひとりでできる。
要介護1	①〜④は、要支援2に同じ。※ ⑤ 問題行動や理解低下がみられることがある。
要介護2	① 見だしなみや居室の掃除などの身の回りの世話の全般に何らかの介助（見守りや手助け）を必要とする。 ② 立ち上がりや片足での立位保持などの複雑な動作に何らかの支えを必要とする。 ③ 歩行や両足での立位保持などの移動の動作に何らかの支えを必要とする。 ④ 排泄や食事に何らかの介助（見守りや手助け）を必要とすることがある。 ⑤ 問題行動や理解低下がみられることがある。

要介護3	① 見だしなみや居室の掃除などの身の回りの世話が自分ひとりでできない。
	② 立ち上がりや片足での立位保持などの複雑な動作が自分ひとりでできない。
	③ 歩行や両足での立位保持などの移動の動作が自分でできないことがある。
	④ 排泄が自分ひとりでできない。
	⑤ いくつかの問題行動や全般的な理解の低下がみられることがある。
要介護4	① 見だしなみや居室の掃除などの身の回りの世話がほとんどできない。
	② 立ち上がりや片足での立位保持などの複雑な動作がほとんどできない。
	③ 歩行や両足での立位保持などの移動の動作が自分ひとりではできない。
	④ 排泄がほとんどできない。
	⑤ 多くの問題行動や全般的な理解の低下がみられることがある。
要介護5	① 見だしなみや居室の掃除などの身の回りの世話がほとんどできない。
	② 立ち上がりや片足での立位保持などの複雑な動作がほとんどできない。
	③ 歩行や両足での立位保持などの移動の動作がほとんどできない。
	④ 排泄や食事がほとんどできない。
	⑤ 多くの問題行動や全般的な理解の低下がみられることがある。

※要支援（予防給付対象者）と要介護（介護給付対象者）はどう違うのか。

要支援となるのは、サービスの利用によって心身の状態が改善する可能性が高いと判断される人。具体的には、不活発な生活によって筋力低下や低栄養などに陥っている人（廃用症候群）等が考えられる。ただし、上記のような人でも認知症が進行していたり、疾病か外傷で心身の状態が不安定な人は要介護となる。

静岡市ウェブサイト「要介護度別の状態区分」を元に作成

「いやいや、いざとなれば介護施設を頼るよ」と油断するのは危険だ。

その介護施設の現状について、知っているだろうか。

介護施設には、対応する自立度のレベルや自己負担できる予算のレベルに応じて、有料老人ホーム、サービス付き高齢者向け住宅、ケアハウス、グループホーム、特別養護老人ホームなど、その種類は多岐にわたる。

この中で「特養」と呼ばれる特別養護老人ホームは低予算で入所できることから希望者が多く、需要に供給が追いつかない状況が続いている。希望しているのに入所できない待機者数は2017年には36万人を数えた。

政府は入所希望の偏りを是正するため、2014年の介護保険法改正で「特養の入所は要介護3以上に限る」と対象を狭めたが、それでもなお、「施設介護を希望しているのに入れない」人はかなりの数になる。

あるいは、経済的には高額な施設に入れることが可能だったとしても、「親を施設に入れるなんて薄情だ」という心情的な理由で、施設入所を選ばない人もいるかもしれない。

施設に入所できないとなれば、在宅で介護をするしかなくなる。これは待機児童問題とほぼ同じだ。働きに出たい母親が子どもを保育園に預けられないために職に就けない。同じように介護が必要な自

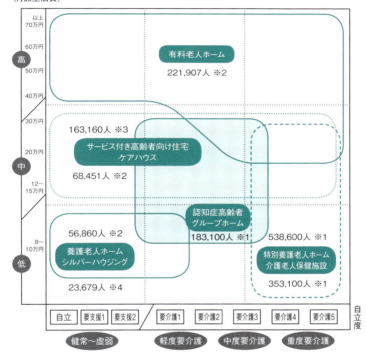

※1 厚生労働省『介護給付費実態調査』2014年9月より
※2 厚生労働省『社会福祉施設等調査』2012年10月1日より
※3 サービス付き高齢者向け住宅情報提供システムウェブサイト『サービス付き高齢者向け住宅の登録状況』2014年11月末より。ただし、実態としては、月額生活費（＝月額利用料）については低額〜高額まで幅がある
※4 国土交通省『2012年度に講じた主な連携施策』2011年度末より
（上記図表は、長谷工総合研究所の資料をもとに一部改変のうえ作成）

出典：旭化成ホームズ株式会社シニアライフ研究所「単世帯で住む高齢者が感じるくらしの豊かさ調査報告書」（2015年発行）

分の親を施設に入れたいが、入れないため、働き盛りの 50 代の子どもが離職して、介護をする。

「もともと自分の親は自分の手で介護したかった」という人であれば別だが、仕事と介護との両立は想像以上にハードであることを覚悟しなければならない。

　惑わされやすいのが、介護にかかる平均的な支出を比較した時に、一見、在宅介護のほうが安く見える点だ。

　生命保険文化センターの調査によれば、介護費用月額は在宅で約 5 万円、施設で 11.7 万円となっている。

　この数字だけ比較すると「やっぱり施設は高い。在宅でやっていくほうが家計を圧迫しなさそうだ」と感じるかもしれないが、在宅介護には、介護に時間を費やすための離職や転職による収入減という可能性をはらむ。この "見えないロス" に気づく必要がある。

　夫婦それぞれの両親が健在だったとして、介護の波は最大 4 回やってくる。たとえ「夫は仕事、妻は家庭」と分業してきた家庭だったとしても、介護のすべてを妻に押し付けることは難しい。

　結果、まだまだ働く意欲があったのに介護離職を選ばざるを得なくなるとすれば、あなたは自分の運命を恨むかもしれない。
　離職はすなわち「収入ゼロ」を意味する。日々の生活費は貯蓄を

切り崩してやっていくしかなくなり、将来見込んでいた収入もゼロになる。子どもや将来の自分のために貯めていたお金を切り崩すだけでなく、65歳からもらえる年金受給額も大幅に減額される。

この"見えないロス"は、施設に入った場合の11.7万円と在宅で介護をした場合の5万円との差、6.7万円に収まらないことがほとんどだろう。介護期間は平均4年11カ月（生命保険文化センター調べ）。この期間に毎月6.7万円の介護支出の負担があったとして、402万円（6.7万×60カ月で仮定）。

一方で、5年間収入ゼロになってしまえば、年収600万円の場合は3000万円前後の見えないロスとなり、さらに年金受給額が月額3万円減ったとしたら、年金受給期間30年（65〜95歳）とすれば、約3000万円の収入減に加えて1080万円の年金収入減という見えないロスが発生していることになる。

親の介護のために、あなた自身の老後が破綻してしまったら、それは誰がどうサポートするのだろう。子どもに頼るしかない場合、"介護破綻の負の連鎖"を招きかねない。

一方、費用が高い施設まで選択肢を広げることができれば、入所はそれほど難しくなく、お金をかける分、手厚いサービスも受けられる。

経済力による介護格差は、今後ますます広がっていく。

そして、大前提として理解しておきたいのは、現状の制度が続くことは期待しないほうがいいということだ。

社会保障費として歳出される介護費は、2025年には20兆円を超えるといわれている（厚生労働省「公的介護保険制度の現状と今後の役割」）。これは現在の倍の規模である。

　繰り返し述べているように、税収源となる労働力人口は減る一途なので、社会保障にかけられる予算はどんどん削られていくはずだ。

　加えて、介護業界の人手不足も深刻であり、団塊の世代が75歳以上になる2025年には介護業界だけで30万人以上の人材不足になると推計されている。
　介護コストを国頼みにしていると、最低限の介護サービスさえ受けられなくなるかもしれない。

　介護の現状と将来の動向を理解した上で、今からできる一手を打っておきたい。

52歳の今から準備できること

介護リスクに効く処方箋(クスリ)

❶ 介護のために離職しない備えをする
❷ 介護費用はできるだけ親の財布から
❸ いざ介護が始まった時のアクションフローを確認

いつか必ず訪れる介護の問題。

親にはいつまでも元気でいてほしいと思っていても、突然の病気やケガで"その日"は急にやってきます。

もしもあなたの親が倒れたとしたら、あなたはどう関わっていきたいと思いますか？

責任感が強く、親思いの人ほど、「日頃から仕事に追われていて、十分な親孝行ができていないなぁ」と罪悪感に近い思いを積み重ねてきたかもしれません。

そんな人は、親に何かあった時には、自分がなんとかしなければ

いけないという気持ちがあるのではないでしょうか。

　あるいは、職場で要職に就いているので介護を理由に仕事を投げ出せないと感じていながらも、「子どもが自分の親を看るべきなんだよなぁ」と、世間の"常識"と現実との間で揺れ動いている人もいるでしょう。

　でも、その常識というのは本当に正しいのでしょうか。

　大切にしなければいけないのは、あなたと家族の皆さんがそれぞれに自分の人生をいきいきと楽しめる環境づくりです。

　あなたが今の仕事に就き、大小の苦難を乗り越えながらもこれまで仕事を続けてこられたことを、ご両親もずっと見守ってこられたことでしょう。
　ご自身の努力と周囲の応援があって築けた今の立場を、「親の介護」を理由に手放すことを、本当にご両親は望んでいるでしょうか。

　そして、あなた自身の本心はいかがでしょうか。これから先、まだまだ実現したい目標があるとしたら、介護を理由に諦めることにはなってしまいませんか？

　心の面だけでなく、お金の面でも、冷静に考える必要があります。

　一般的に50代は管理職世代であり、収入のピークと重なります。こ

の時期に仕事を辞めたり、介護を理由に仕事のパフォーマンスが低下して収入減となったりすることは、家計にとって大きな損失です。

子どもの教育費がまだかかるという場合ならなおさら、収入を維持する必要があるでしょう。

介護リスクを解消するために、**❶「介護離職はしない」と心に決め、そのためにできる方策を練る**ほうが、将来にわたっての家族の幸せにつながるはずです。

方策の一つとなるのが、介護をサポートする制度をあらかじめ知っておくこと。

ポイントとなるのが、2017年10月に施行された「改正育児・介護休業基本法」です。この法律によって「介護休業」と「介護休暇」の2種類の"介護のために仕事を一時休めるサポート制度"が定められています。

混同しやすいこの2つの休業・休暇制度について、まずは正しく理解しましょう。

●介護休業制度

負傷や疾病、身体・精神の障害によって2週間以上の常時介護が必要な状態にある対象家族を介護するための休業。対象家族とは、配偶者（事実婚を含む）、父母、子（養子含む）、配偶

者の父母、祖父母、兄弟姉妹および孫。

　対象家族1人につき、通算93日まで休業でき、休業日数は3回を上限に分割できる。

　休業期間中の賃金補償として、雇用保険から「介護休業給付金」を受けられる。金額は「休業開始時賃金日額×支給日数×67％」。

●介護休暇制度

　介護休業とは別に、1年最大5日まで（対象家族が2人以上の場合は10日まで）、通常の有給休暇とは別に付与される休暇制度。

　これらの制度が整ってきた背景には、国を挙げて「介護離職を食い止めよう」という姿勢があります。

　最大93日間とれる介護休業を知らなかったという人は「そんなサポートがあったのか」と驚かれたかもしれませんね。

「でも、介護を続けていくには短すぎないか」と疑問に感じるでしょうか。

　たしかに、介護期間の平均は約5年といわれています（生命保険文化センター調べ）。約3カ月間では心もとないと感じるかもしれま

せんが、この3カ月は「介護システムを構築する準備期間」と捉えてみてください。

　働き盛りの皆さんがいきなり生活スタイルを変えて、終わりの見えない在宅介護へとチャレンジするというのは、"いずれもたなくなる"結果が目に見えています。

　また、介護を行う上で判断に必要な幅広い知識は持っておく必要がありますが、専門の技術や知識は決して一朝一夕に身につくものではなく、資格を持ったプロフェッショナルに任せるほうがはるかに効率的です。

　現在の賃金バランスを考慮しても、あなたが今の収入のまま稼ぎ続けて、その収入から介護のプロに料金を支払うほうが、家計としてはプラスになるはずです。

　介護休業の取得に躊躇するもう一つの理由として、「休んでいる間、会社に約7割も賃金を払ってもらうのは申し訳ない」という意見も時々聞かれます。義理堅い人ほど罪悪感を抱くようです。

　実は、これは大きな誤解。介護休業中に受け取れるのは、「給付金」であって「給料」ではありません。支払う側はあなたの会社ではなく、相互扶助で成り立っている雇用保険のお財布なのです。あなたがこれまでずっと払い続けてきた掛け金の積み立てで成り立っているお財布なのですから、何も遠慮することはありません。

出産や育児のために休業に入る部下を送り出した経験がある人は、あの仕組みとまったく同じなのだと考えてください。

　大事なポイントは、いずれの制度も「継続雇用」が前提となっていて、自営業者や日雇いの労働者などは対象にならないということ。また、65歳以上も対象外となります。

介護にはどれくらいの年数、費用がかかるのか

●介護期間

6カ月未満	6カ月～1年未満	1～2年未満	2～3年未満	3～4年未満	4～10年未満	10年以上	不明	平均
5.8%	6.2%	11.6%	14.2%	14.5%	29.9%	15.9%	1.9%	59.1カ月 (4年11カ月)

●介護費用（一時的な費用の合計）

〈一般的な費用の合計〉

かかった費用はない	15万円未満	15～25万円未満	25～50万円未満	50～100万円未満	100～150万円未満	150～200万円未満	200万円以上	不明	平均
17.3%	13.9%	8.3%	7.7%	9.0%	7.9%	1.9%	7.1%	26.8%	80万円

〈月額〉

支払った費用はない	1万円未満	1万～2万5千円未満	2万5千～5万円未満	5万～7万5千円未満	7万5千～10万円未満	10万～12万5千円未満	12万5千～15万円未満	15万円以上	不明	平均
5.2%	4.9%	15.1%	10.2%	13.8%	7.1%	9.8%	3.4%	16.4%	14.1%	7.9万円

出典：生命保険文化センター「生命保険に関する全国実態調査」（2015年度）

まさに、50代を中心とする「これからもバリバリと働き続けたい」という方々を応援する制度なのです。ぜひ活用していきましょう。あなたの背中を見て、希望を持てる後輩もきっといるはずです。

　ここまでは、まず「制度を知っておく」というポイントについてのお話でした。

　次にやっておきたいのが、「親自身の意思確認」です。
　理想としては、まだ病院のお世話になっていないうちに、「将来、介護が必要になったらどこで生活を送りたいか」という希望を聞いておけるといいですね。

　漠然と聞くのではなく、できるだけ具体的に。あらかじめ施設のパンフレットなど一緒に見られる資料があると、「ここは快適そうだね」など話をしやすいと思います。

　忘れてはならないのは、親が一番大切にしたい価値観を尊重すること。

　この時、子どもの立場からも「自分は働き続けたい」という意思表示をしておくといいと思います。

　施設の種類も多岐にわたりますが、要介護認定なしでも入居できる有料老人ホームを元気なうちに契約し、"終の住み処"として住み替えるというのも選択肢の一つ。

いざという時の救急体制や介護施設との連携が整っていれば、家族も安心して任せられます。

　サービス内容は施設ごとに異なり、料金体系も様々。有料老人ホームの入居一時金一つとっても、数百万〜1億円までの幅があり、月々にかかる利用料も10万円程度で済む施設から100万円近くかかる施設までまちまちです。
　ニーズと予算によって、受けられる介護は大きく変わるのです。
　でも、予算から施設を限定するというのは、あまりおすすめしたくありません。

「うちはそんなに贅沢はできないよね。だったら、この程度の施設が現実的かな」と最初から選択肢を狭めてしまうからです。本人も遠慮して頷くしかなくなるでしょう。

　まずは「どういうところで暮らしたい？　とりあえず、お金の問題は気にせずに理想を言ってみて」と希望を聞くところから始めてみましょう。

「自然豊かな場所がいい」「愛犬と暮らしたい」「交遊が活発で、友達ができる環境がいい」

　できるだけワガママを言ってもらいましょう。
　そんなワガママをかなえられる施設が入居一時金1000万円、月額利用料20万円だったとします。

そこで初めて「このお金、自分で払い続けられそう？」と親の財布事情を確認しましょう。

「入居一時金は貯蓄からまかなえる。月額利用料も年金のほかに、毎月5万円ほどの貯金の切り崩しで10年間は自分で払えそうだが、11年目以降は払えないので、子どもたちに助けてほしい」
　ほら、具体的な支払いのシミュレーションが見えてきましたね。

　この段階で、10年後の月額利用料5万円を兄弟姉妹でどのように負担し合っていくかという議論ができるようになります。
　親自身には貯蓄がほとんどないという場合には、自宅を売却して現金化するという方法もあります。

　人がどのように人生の終盤の生活を送るかは、とても大事なテーマです。
　まず親の希望をじっくりと聞いた上で、実現可能なお金の計画を家族全員で考える。

　お金が先、ではないのです。
　このように❷介護について親の希望を確認し、介護費用を親の財布から支払うことも、介護リスクを解消するためのポイントです。

　施設選びのシミュレーションそのものが、温かな家族の思い出になるような、そんな時間になればいいですね。

一目でわかる、寝たきり・介護リスク

		STEP1 どこで療養 するかを決める	STEP2 選択肢を 検討

親が入院

介護保険（＝介護認定）申請

※居住地の各自治体へ申請。申請から認定まで30日ほどかかる。直接申請に行くことができない場合は、居宅介護支援事業所や介護保険施設、地域包括支援センターに代行依頼も可。

在宅 → 実家で介護

在宅 → 子ども宅などで介護

転院

施設 → 公的施設

施設 → 民間施設

チェックポイント

☐ 両親のどちらかが介護する場合、介護をすることになる親のサポートやケア体制が整っているか（体調不良の時に手伝えるか）

☐ 介護を受ける親が親族以外の介護サービスを受けることを了承しているか（一人では限界がある）

☐ 食事も含めた介護の費用を誰が負担するかが明確になっているか

☐ 介護をすることで、仕事（収入）に差し支えないか

☐ 実子が積極的に介護に参加し、親に言いにくいことも言える関係か

☐ 介護を受ける親が、言葉や食事の変化に耐えられるか

介護療養型医療施設（療養病床）
※急性期の治療を終えた後も療養を要する人を対象にした施設。施設数が減少しており、空きは少ない。2024年3月には廃止予定。

老人保健施設（老健）
※在宅復帰を目的としたリハビリ施設。介護保険を申請し、「要介護1」以上に認定されると入所申し込みできる。入所期間は原則3カ月程度。特養の入所待ちの人も多い。

特別養護老人ホーム（特養）
※基本的には「要介護3」以上で入所申し込みができる。待機者が多い場合、申し込み順ではなく、必要性の高い人から入所。

出典：「プレジデント」（2017年9月4日号）

「元気なうちはできるだけ自宅で過ごして、本当に介護が必要になってから施設に入りたい」という方ももちろんいらっしゃるでしょう。

その場合は、急な病気やケガで"その時"が現実として迫ってきた時に慌てないよう、**❸介護が始まった時に必要なアクションフローを確認しておきましょう。**

介護が始まるきっかけの大半は入院です。医療と介護はまったく別物なので、入院中に主治医が介護のアドバイスをしてくれることはありません。

退院の時期が明確になった時点で、最寄りの「地域包括支援センター」を訪ねて、介護認定の申請手続きについて相談を始めましょう。「地域包括支援センター」は、名称は各自治体で違いがありますが、介護相談のワンストップ窓口となる行政サービスです。

いざという時に慌てないよう、そして、家族みんなが納得できる介護体制を準備できるよう、長期計画で準備を始めることをおすすめします。

第 **7** 章

相 続

"長生きリスク"に効く処方箋(クスリ)

相続の
リスクを理解しよう

　親が高齢になっていくにつれ、介護とともに気にしなければならないテーマが「相続」。

「うちはそんなに金持ちじゃないんだから、相続なんて関係ない」と他人事に考えているとしたら大間違いだ。

　そもそも相続は、人が亡くなったら誰の意思とも関係なく、自然に発生するもの。

　その人が保有していた預貯金はもとより、保険、株式や国債といった金融資産、土地・建物など「プラスの財産」だけではなく、亡くなるその日までお世話になっていた病院に支払う費用やローン残債など「マイナスの財産」も相続人（相続を受ける人）に引き継がれることになる。

　この「プラスの財産」から「マイナスの財産」を差し引くと、正味の遺産額が算出される。

　この遺産額にかかる税金が「相続税」なのだが、「かなりの遺産を引き継がないと相続税の対象にならない」と思い込んでいる人が多

い。しかし、これは古い常識だ。

　相続税には「基礎控除」の制度があり、正味の遺産額が基礎控除額を上回らなければ、相続税を支払う義務は免除される。

　この基礎控除額の計算方法は、かつては「定額5000万円＋法定相続人1人当たり1000万円」だった。例えば、法定相続人が4人の場合の基礎控除額は、5000万円＋4人×1000万円＝9000万円。つまり、正味の遺産額が9000万円未満であれば相続税はゼロで済んだ。

　この基礎控除額の計算方法が2015年から大幅に変更され、「定額3000万円＋法定相続人1人当たり600万円」に。

　先の例と同じく法定相続人4人の場合で基礎控除額は5400万円に。割合にして40％も減っている。5400万円といえば、土地付きの住宅の価値と預貯金と合わせると、意外と超えてしまいそうな額である。

　この結果、何が起こったか。

　相続税納税義務者の急増だ。

　国税庁の発表によると、2015年に13万3310人だった相続人の数は、翌2016年には倍近い23万3555人に、年間死亡者数約130

相続税の申告事績（2014～2015年）

	年分	2014年分(注1)	2015年分(注2)	対前年比
①	被相続人数 （死亡者数）(注3)	1,273,004人	1,290,444人	101.4%
②	相続税の申告書の 提出に係る被相続人数	（外 16,895人） 56,239人	（外 30,027人） 103,043人	（外 177.7%） 183.2%
③	課税割合 （②／①）	4.4%	8.0%	3.6%増
④	相続税の納税者 である相続人数	133,310人	233,555人	175.2%
⑤	課税価格(注4)	（外 11,998億円） 114,766億円	（外 15,669億円） 145,554億円	（外 130.6%） 126.8%
⑥	税額	13,908億円	18,116億円	130.3%
⑦	被相続人 1人当たり	課税価格 （⑤／②） (注4)	（外 7,102万円） 20,407万円	（外 5,218万円） 14,126万円	（外 73.5%） 69.2%
⑧		税額 （⑥／②）	2,473万円	1,758万円	71.1%

（注） 1 2014年分は、2015年11月2日（※）までに提出された申告書（修正申告書を除く。）
データに基づいて作成。
※ 申告期限の日が日曜日・祝日などの休日又は土曜日に当たるときは、これらの日の翌日が申
告期限になることから、2014年12月31日に亡くなった人についての相続税の申告期限
は2015年11月2日（月）になる。
2 2015年分は、2016年10月31日までに提出された申告書（修正申告書を除く。）デー
タに基づいて作成。
3 「被相続人数（死亡者数）」は、厚生労働省政策統括官（統計・情報政策担当）「人
口動態統計」による。
4 「課税価格」は、相続財産価額に相続時精算課税適用財産価額を加え、被相続人の債
務・葬式費用を控除し、さらに相続開始前3年以内の被相続人から相続人等への生前贈
与財産価額を加えたものである。
5 各年分とも、表の中の（外　　　　）の数値は、相続税額のない申告書に係る係数を示す。

国税庁ウェブサイト「2015年の相続税の申告状況」を元に作成

万人のうち、相続税の申告の必要な相続人の納税義務者数が 2015年には 5.6 万人で約 23 人に 1 人となっていたが、翌 2016 年の納税義務者が 10.3 万人と、約 2 倍に増え、年間死亡者数の約 12 人に 1 人が相続税の納税が必要となっている。以前であれば相当なお金持ちだけが相続税の対象だったものが、年々そうではなくなり、相続額が平均的な人でも納税義務者になる時代になっていく。

「うちには関係ない」と思い込んでいた人たちも、いつでも当事者になり得るのだ。

さらにこの相続人が支払う相続税の税率は上昇傾向にある。

もっとも、相続というと「相続税」のことを頭に思い浮かべてしまう人が多いため、「うちには関係ない」と思い込んでいる人が多いが、実は、人が亡くなった時には、「相続税」は納税義務から外れたとしても、「相続」そのものは 100％発生する。

「相続税」とは、亡くなった人（被相続人）から、相続を受ける子孫等（相続人）が取得した財産の合計額が、一定額を超える場合に国税庁に収める制度のこと。

一方で、「相続」とは、持っている財産を受け継ぐこと自体を表す。仮に死亡時に腕時計一つしか財産がなかったとしても、その腕時計という財産を「相続するという行為」は発生する。そこで、相続人（相続を受ける人）が 2 人以上いる場合には、その腕時計をど

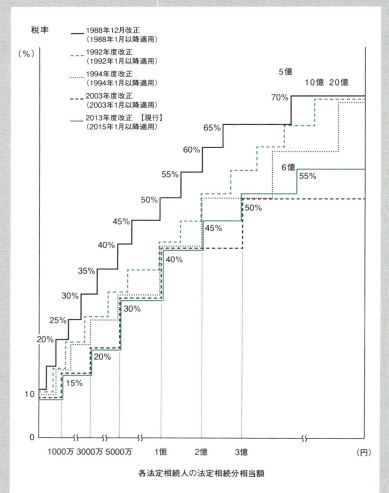

のように分けるかという問題が発生するのである。

　だから、相続税を払う必要のない人でも、相続は確実に関係してくる。

　そこで、気になるデータがある。「遺産相続」で揉めるリスクの増大だ。「司法統計」によると、家庭裁判所の遺産分割相談の件数は2002年から2012年までの10年間で約2倍の17万4494件に増えている。

　被相続人（亡くなった人）が遺言書を残していなかった場合は、遺産は相続人全員の共有状態となり、同時に全員による「遺産分割協議」を行う必要が生まれる。

　また、遺産分割相談のうち3割が1000万円以下の遺産分割で相談しており、「うちの家族は資産が少ないから揉めない」とは言い切れないようだ。

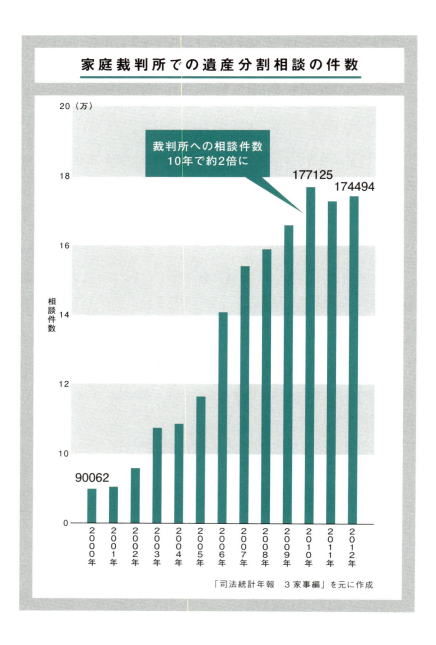

揉め事へと発展しがちなのは次のようなケースだ。

- きょうだい間の経済力の差が大きい
- 離婚や再婚で関係者が複雑
- 相続人の配偶者に何かと口を出したがる人がいる
- 被相続人の介護に深く関わった人がいる
- きょうだいの1人が被相続人の住居に住んでいる
- きょうだい間の介護負担に偏りがある

　これらのケースに少しでも近い状況がある人は、今から注意をしながら準備をしておく必要がある。

52歳の今から準備できること

相続リスクに効く処方箋（クスリ）

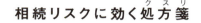

❶ 相続に関わる関係者全員が正しい知識を備える
❷ 日頃のコミュニケーションで、親の財産を把握する
❸ 将来にわたって親の収支プランを確認する

　財産の額に関係なく、親が亡くなった時に誰にでも降りかかってくる「相続」の問題。

　親族間で遺産をいかに分配するかという論点に偏りがちですが、本来の目的は、故人の遺志を尊重して財産を正しく引き継ぐこと。

　そのための第一歩となるのが、**❶正しい知識を備えることです。それも、関係者全員が知識を共有し、話し合いのベースにすることが大切**です。

　ここでいう相続の正しい知識とは、「法定相続人＝民法で定められた相続を受ける人」が誰に当たるのか、それぞれの法定相続人の遺産の取得割合がいくらになるのかという知識です。

例えば、被相続人（亡くなった人）の配偶者は常に相続人となり、子どもがいる場合は、配偶者と子どもで２分の１ずつ遺産を分け合うことになります。子どもが複数いる場合は、２分の１を子どもでさらに分けます。

　養子も実子と同じく第一順位の相続人となりますが、被相続人の配偶者に連れ子がいたとしても養子縁組をしていなければ法定相続人とはみなされません。
　被相続人に子も孫もいなかった場合には、親が第二順位の相続人となります。親や祖父母もいない場合には、第三順位の相続人として兄弟姉妹が関わることになります。

　また、一定の範囲の相続人に認められる最低限の権利として「遺留分」があります。
　民法は、亡くなった人の配偶者や子どもなど、被相続人と密接な関係のある人を法定相続人と定めて遺産相続をさせることにより、なるべく被相続人に近かった人が多くの遺産を引き継げるように配慮しています。しかし、被相続人自身の意思も尊重しなければならないので、遺言や贈与によって財産を処分する自由も、同じく認められています。
　例えば、「自分が死んだ後、知人の○○さんに全財産をあげる」という遺言書が作成されてしまうと、残された親族は気の毒な状況になります。このため、民法では最低限相続できる財産を、遺留分として保証しているのです。遺留分が保証されている相続人は、配偶者、子供、父母です。法定相続人の第三順位である兄弟姉妹は、遺留分を保証されていません。

法定相続人の範囲と分割割合の例

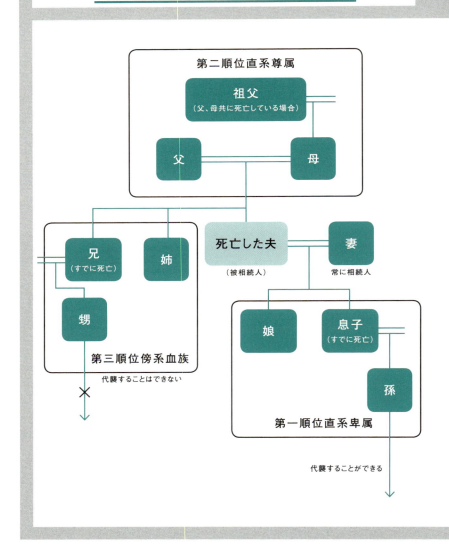

法定 相続人は誰?	分割割合	
	法定相続分	遺留分
妻＋子	子 1/2　妻 1/2	妻 1/4　子 1/4
妻＋親	親 1/3　妻 2/3	妻 2/6　親 1/6
妻＋兄弟姉妹	兄弟姉妹 1/4　妻 3/4	妻 1/2
妻	妻 全部	妻 1/2
子	子 全部	子 1/2
親	親 全部	親 1/3
兄弟姉妹	兄弟姉妹 全部	なし

このような基本的知識を関係者全員が正しく把握することが、相続を考える上での出発点です。

　関係者のうち一人でも知識不足の人がいれば、議論が混乱してしまうので、できる限り情報を共有しておきましょう。

　それも、親が亡くなってからではなく、生前から理解しておくことが大切です。

　知識の共有ができたら、次に行いたいのが、親本人の資産の全体像の見える化です。**❷日頃のコミュニケーションの中から、親の気持ちに寄り添って親の財産を把握する**ことが、相続のリスクを解消することにつながります。

　現在の持ち家のほか、過去に購入した不動産、預貯金や投資の残高、借り入れしたローンの残高、加入している保険や先代から引き継いだお墓など、聞き取って記録しておきましょう。

「財産目当てかと思って、親から嫌がられそう」とためらってしまう人もいらっしゃるでしょう。

　でも、このように考えてみてください。

　あなたを大切に育ててくれた親が一生懸命築いた財産を、きちんと受け継いでいくための子の役割なのだと。

「特に気になっていることはない？」と親側の気持ちに寄り添って聞いていくといいと思います。

信頼関係があって成り立つものですので、普段からのコミュニケーションを大事にするよう心がけておきたいですね。

　親の資産の全体像を把握した時点で、すぐに法定相続人の取得分を割り出そうとするのは拙速です。その前に、考えないといけないのは、親がこれから必要な支出額の概算です。

　介護が必要になった時に施設に入ることを希望しているのであれば、入居一時金や月額利用料の総額を導き出し、「歩けるうちに故郷を訪ねる旅をしたい」という希望があれば、それに必要な費用を出してみてください。

　そして、その金額を親自身の資産から支払えるかどうかをチェックします。介護リスク解消のために、❸**将来にわたって親の収支プランを確認してみるのです**。

　親自身の資産では不足することがわかれば、それを身内の誰がどう負担していくのか決めます。

　基本的な考え方として、「親の資産は親自身が希望する暮らしを実現するために使う。その結果、資産が余れば相続が発生するし、余らなければ相続はない」と考えてみると、スッキリしませんか？

　親本人としても、自分が死んでから後の資産分割の話をされるより、「これからやりたいことはない？」と前向きな話ができるほうが嬉しいはずです。

そして次のステップは、親本人の意思を聞き、それを尊重するということです。「残った財産は、兄弟で半分ずつに分けてほしい」という意思があるかもしれませんし、「長男だけに土地を相続させたい」「かわいい娘に多めにあげたい」などという考えがあるかもしれません。最初のステップで身につけた法定相続などの正しい知識は必要となりますが、それはあくまでも争い事が起こった時のルールとして国が定めたものに過ぎません。

　あくまでも親本人の財産ですから、親本人の意思を尊重することが当然のこととなります。

　そして、相続した資産にかかる税金、相続税の節税対策などは、最後のステップだと考えてください。

　もう一度、おさらいしましょう。
　相続について準備をしていく順番は、①正しい知識を関係者全員で共有した上で、②親の資産を把握し、③親の支出予測を立ててサポート体制を決め、④余剰が出たら親本人の意思を尊重し、⑤相続税の対策を考える、というステップで。

　いきなりお金の話や、法定相続の話から入ろうとすると、必ずといっていいほど揉めてしまいますし、お互いにマイナスの感情が残ってしまうケースが多いのです。
　せっかく長い時間をかけて築いてきた血のつながった家族の関係性を、最後の最後で崩したくはありませんよね。

相続分割の段階でよく聞かれるのが、「私は今までこれだけ介護してあげたのに」という過去の貢献と遺産の相続分を天秤にかけての不満です。

　あるいは、こんなやりとりも珍しくありません。
「兄貴は大学まで行かせてもらっているんだから、その分の学費の差額は俺にくれよ」
「何、言っているんだよ。お前は、家を買う時に頭金の300万円を親父に出してもらっていたじゃないか」
　過去にさかのぼってのお金の譲渡を相続に持ち出し始めるとキリがありません。

　相続には様々な考えがありますが、私自身は「10年以上前に遡ってのお金のやりとりは“サンクコスト”」と考えています。

　サンクコストとは、マーケティングや経済学の分野でよく使われる用語で、「回収不能な費用」のこと。日本語では「埋没費用」などと訳されます。

　家族間に限らず、人と人の間でお金を貸したり、あげたりといったやりとりが発生した場合、それは「いつか同額を回収できるだろう」という確信があるとは限らないはずです。

　多くの場合は、その時の一瞬一瞬の厚意や親切、思いやり、親心、親孝行など、“気持ちの上に成り立ったお金”であるはずです。

その時に、相手に「ありがとう」という感謝が発生し、気持ちよくお金を渡すことができたという事実があれば、そのお金の役割はもう終えているのです。

　介護を一手に引き受けた長男の妻が「私が相続人になれないのはおかしい」と不満を訴えるというケースも珍しくないようです。

　たしかに、現在の民法上では、被相続人の子どもの配偶者までは相続人の対象にならないので、遺産を受け取るには特別な手続きが必要になります。

　このようなトラブルを未然に防ぐ方法としては、やはり事前に法定相続の知識を身につけておくことになると思います。

　その相続知識の一つとして「寄与分」があります。寄与分とは、相続財産の維持・増加に貢献（寄与）した相続人は、他の相続人（きょうだい等）よりも優遇しようという、民法で定められている制度のことです。

　これは、例えば親の商売の手伝いをして、親（故人）の財産を増やすことに貢献した子ども（相続人）に対して、本来の相続分とは別に相続財産の中から寄与分として財産取得できる制度です。

　他の相続人（きょうだい等）よりも相続財産が多くもらえる制度なのですが、最近では介護や医療看護を行ったことによって、親（故

150

人）の財産が増えた（または維持された）場合にも適用されるようになっています。

　ただし、その財産が増えたことを証明することも大変ですし、話し合いで済めば良いですが、「親の面倒を見るのは当然の義務だ」などと相続人（きょうだい等）の一人が言い出して話し合いがもつれてしまった場合には、家庭裁判所での調停による判断となってしまいます。

　そこまでして相続人たちが揉めてしまったら、修復はとても難しいのが現実です。

　そこで、２つの大切な対策方法があります。

　１つ目は、あらかじめ「介護は無償の貢献である」と納得した上で、介護に関わるということ。関わる人がこういう気持ちであれば、後々のトラブルには発展しづらくなります。

　そうはいっても、親の介護をするために介護離職という形で今の仕事をやめなければいけない場合もあると思います。同居していれば、なんとか仕事をしながら介護を続けられることもあるでしょうが、親が遠方に住んでいて、自ら介護しなくてはいけない時は介護離職となってしまいがちです。そうなった場合には、自分自身の収入を断って介護をすることになるので、無償の貢献とはなかなか言いづらいこともあると思います。

そういう場合、2つ目の対策です。それは、親本人あるいは親族と「介護の報酬対価をあらかじめ話し合い、介護している期間にその報酬をもらう」ということです。親を介護してお金をもらうというのは申し訳ない気持ちにもなりますが、最も大切なことは相続時に相続人同士でトラブルにならないようにする、ということです。自分自身は「親の介護は無償の貢献だ」と思って介護をしていたとしても、相続発生時に、きょうだいやその配偶者から「あなたがやった介護は無償の貢献だ」と言われた場合、穏やかでいられる人は少ないと思います。自分が気持ちを持って無償でやっているのと、他人から無償だと言われるのとでは、気持ちに大きな差が生まれ、それがきっかけでトラブルに発展する例は少なくありません。

　自分が無償の貢献だと思っていたとしても、あえて介護の報酬をもらうということが、将来のトラブルを避け、親族同士が生涯仲良く過ごす対策となるのです。

　気持ちのくすぶりを解消してくれる方法として使うのも、お金の賢い使い方の一つ。

　目の前の数百万円に気をとられて、本当に大切にすべき家族との温かい時間を失わないように、気をつけていきたいですね。

第 **8** 章

家族の"想定外"

"長生きリスク"に効く処方箋(クスリ)

家族の"想定外"の リスクを理解しよう

　親の介護だけではなく、家族に関する様々な"想定外"の問題が50代以降の人生にはつきものである。

　そして、その問題の種類はひと昔前よりも格段に多様化し、複雑化しているといっていい。

　今は特に問題を感じなくても、10年後には家計を大きく圧迫するシビアな悩み事へと発展する種が、あなたの家庭にも潜んでいるかもしれない。

　少し注意深く、家族にまつわるリスクについてチェックしていこう。

　1つ目のリスクは、「子育て期間の延長」だ。

　まず全体の傾向として、晩婚化・晩産化によって、育児期間も後ろ倒しになっている。

　30歳で子どもを持てば、子どもが順調に大学を卒業したとして親の年齢は52歳。まだまだ収入は継続する生活が見込めるし、最も

大学4年間にかかる支出

(単位：円)

区分	自宅	下宿・アパート
授業料	958,200	868,600
その他の学校納付金	137,700	115,000
修学費	49,600	49,300
課外活動費	31,200	36,900
通学費	102,400	21,100
食費	97,500	263,700
住居・光熱費	—	447,900
保健衛生費	36,600	36,500
娯楽・嗜好費	129,700	141,200
その他の日常費	134,200	149,700
合計	1,677,100	2,129,900
4年間合計	6,708,400	8,519,600

日本学生支援機構「2014年度　学生生活調査結果」を元に作成

教育費がかかるといわれる大学在学中も、収入が高い時期と重なるので安心できる。

　しかし、これが40歳でできた子どもとなると、まったく状況は異なってくる。

　子どもが大学進学する18歳を迎える年齢で、親は58歳。子どもが大学を卒業する頃には、親は62歳だ。

「どうしても入りたい志望大学がある。浪人は許してもらえるか」と相談を受けた時に、すぐに首を縦に振れるだろうか。

　ちなみに大学4年間にかかる支出を概算すると、自宅通いで約671万円、自宅外の賃貸住宅から通えば約852万円にもなる。

　十分な備えがあればいいのだが、たとえ備えがあったとしても、親の介護の発生など他の支出と重なる事態となれば、財布事情はかなり厳しくなってくるだろう。

　子どもの自立に関しては、「とにかく大学まで行かせたら大丈夫」という時代でもなくなっている。

　厚生労働省の調査によると、15〜34歳のフリーターの数は2015年で167万人。うち、97万人は25〜34歳。フリーターの定義は、勤め先での呼称が「パート」や「アルバイト」である雇用者だ。

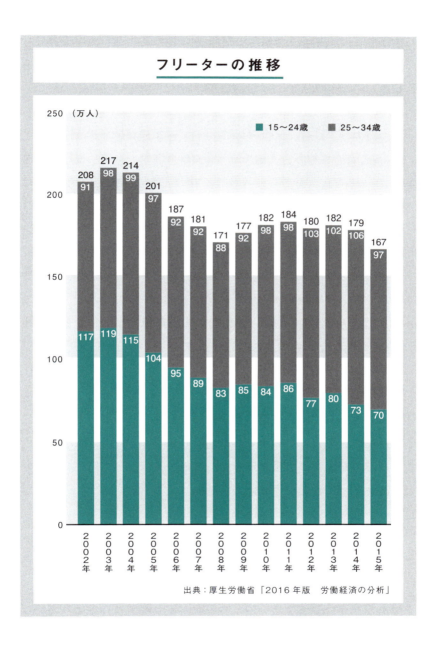

少子化で"大学全入時代"へと突入しつつある今、大学卒業という相対的価値は下がっており、大学に行かせたからといって正規雇用に就ける確証はない。

　2つ目のリスクは、「わが子がニート（若年無業者）になる」こと。15〜34歳の非労働力人口のうち、家事も通学もしていない若年無業者は、56万人にも上るとされる。この人数は、この世代人口のうち2.1％にも当たり、50人に1人がニートだということになる。

　現在の日本の雇用は「新卒一括採用」に偏っているため、社会に出る時にはスタートダッシュができるかどうかが、生涯のキャリアを左右するという側面が強い。結果、一度ニートになると、なかなか軌道修正が難しい。実際、40代以降の無業者が増加するという「ニートの高齢化」も問題になっている。

　ニートの生活を支えるのは、自然と親になる。20年ちょっとで完了すると目論んでいた養育費用が無限に延長されていくとしたら。

　さらに深刻なのは、親が年をとって無収入になった時に、当人をどう支えていくかという問題だ。

　矛先はきょうだいに向かう可能性が高く、きょうだいがいなければ生活保護など社会のお世話になる方法を選ばざるを得ないだろう。

　経済力がないきょうだいのために支出する現象を「きょうだいリ

スク」と名付けるメディアも出てきた。

「経済力がある異性と一緒になればいいじゃないか」と、結婚に希望を託す人もいるかもしれない。

しかし、それも頼り過ぎないほうがいい。

日本の婚姻件数は減り続けており、2015年の婚姻数は戦後最少となる63万5156組（厚生労働省「人口動態統計」）。

一方、国立社会保障・人口問題研究所の調査によると、18～34歳の未婚者のうち、「いずれ結婚するつもり」と答えた人は男性で85.7%、女性で89.3%に上っており、結婚志向そのものは高い。

つまり、「結婚したくてもできない」という現実が見てとれる。

それが経済力や雇用の安定と深く関係していることも、同調査からわかる。

「いずれ結婚するつもり」と回答した男性のうち、「1年以内に結婚する意思がある」人の割合を就業形態別で算出すると、正規雇用が59.9%なのに対し、パート・アルバイトは44.6%に落ちる。

さらに、結婚の前段階となる恋愛の状況についても、30～34歳の独身男性のうち69.7%が「交際相手がいない」という。このうち、

未婚者生涯の結婚意思

	生涯の 結婚意思	第9回 調査 (1987年)	第10回 調査 (1992年)	第11回 調査 (1997年)	第12回 調査 (2002年)	第13回 調査 (2005年)	第14回 調査 (2010年)	第15回 調査 (2015年)
男性	いずれ結婚 するつもり	91.8%	90.0%	85.9%	87.0%	87.0%	86.3%	85.7%
	一生結婚する つもりはない	4.5%	4.9%	6.3%	5.4%	7.1%	9.4%	12.0%
	不詳	3.7%	5.1%	7.8%	7.7%	5.9%	4.3%	2.3%
	総数（18〜34歳） （客体数）	100.0% (3,299)	100.0% (4,215)	100.0% (3,982)	100.0% (3,897)	100.0% (3,139)	100.0% (3,667)	100.0% (2,705)
女性	いずれ結婚 するつもり	92.9%	90.2%	89.1%	88.3%	90.0%	89.4%	89.3%
	一生結婚する つもりはない	4.6%	5.2%	4.9%	5.0%	5.6%	6.8%	8.0%
	不詳	2.5%	4.6%	6.0%	6.7%	4.3%	3.8%	2.7%
	総数（18〜34歳） （客体数）	100.0% (2,605)	100.0% (3,647)	100.0% (3,612)	100.0% (3,494)	100.0% (3,064)	100.0% (3,406)	100.0% (2,570)

出典：国立社会保障・人口問題研究所「独身者調査の結果概要」

31.1％は「交際を望んでいない」、つまり、恋愛に興味がないと回答している。同じく交際相手がいない30～34歳の独身女性の割合は64.8％となっている。

これには、長引く不況や価値観の多様化など様々な背景が考えられるが、確実にいえることは一つ。

「成人したら結婚するのが当たり前」という常識は崩れつつあるということだ。

もちろん、結婚するかしないかは、個人の考え次第であり、お金の問題だけで決まることではない。

しかしながら、単純に計算しても、食費や住居費、光熱費といった基礎的な生活コストは、1人暮らしよりも、2人、3人と暮らすほうが効率的に圧縮される。

生涯独身でライフプランを立てる時には、結婚する場合よりも生活コストが"割高"になることを前提に計画しなければいけない。

3つ目のリスクが「離婚」だ。

2016年の離婚件数は21万6805組で、今や結婚した夫婦の3組に1組が離婚するといわれている。

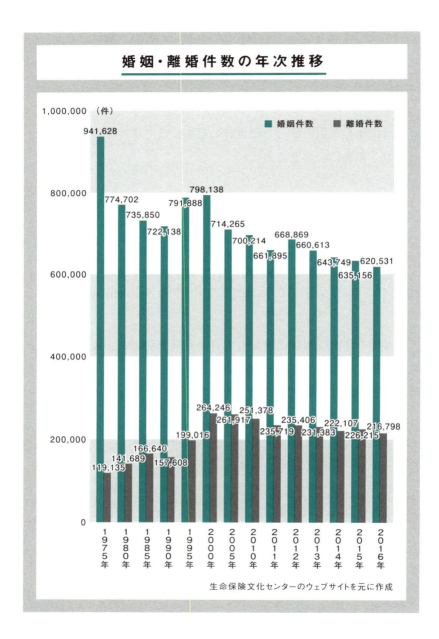

めでたく子どもが結婚しても、"出戻り"でまた扶養復活となるリスクも頭の片隅に置いておくほうがいいかもしれない。

　離婚リスクは子どもだけに降りかかる問題ではない。あなた自身にだって離婚リスクはある。
　同居年数20年以上の夫婦の破局、「熟年離婚」の件数は3万7604組と、全体の2割にも及ぶのだ。

　当然、離婚にはコストがかかる。

　最高裁判所の統計によると、裁判に至った熟年離婚では、約4割が600万円以上を離婚相手に支払っている。協議離婚も含めての慰謝料の相場としては、50万〜300万円が平均的なようだ。

　養育費については収入や教育の状況にもよるが、子ども1人につき月額5万円前後が相場とされる。子どもが2人の場合、年額で120万円ほどの支出となる。

　3つ目の離婚コストは「財産分与」だ。婚姻期間中に夫婦で築いた財産は「共有財産」とみなされ、原則として2分割して分与される。例えば、夫婦で購入したマンションから妻が出て行き、夫がそのまま住み続けるといった場合には、現時点の住宅の資産価値から価格を算出し、その半分を、夫が妻に支払う義務がある。

　財産分与は、将来の年金にも及ぶ。

2008年から始まった「三号分割制度」では、専業主婦など「三号被保険者」が、婚姻期間中の保険者（夫）の厚生年金について、半分まで強制分割できるようになった。

家族は多くの幸せをもたらす存在である。しかし、様々なリスクを内包する存在でもある。

想定外のリスクにどう備えるべきか。予防につながる方法を知っておこう。

52歳の今から準備できること

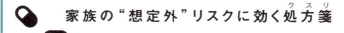 家族の"想定外"リスクに効く処方箋(クスリ)

❶ 将来の希望を家族で持ち寄り紙に書き出す
❷ ❶で書いた内容を5年おきに見直す
❸ 普段から家族のコミュニケーションを心がける

　あなたの人生を語る上で欠かせない、大切な存在。それが家族です。

　家族を構成する全員が誰一人苦労することなく、幸せに時を重ねていけたらベストですね。

　しかし、社会を取り巻く環境が刻一刻と変化し、10年前には想定しなかったような心配事もちらほらと頭をよぎるという方はいらっしゃるでしょう。

　それはあなたの準備が不十分だったのではなく、昔は気にしなくてもよかったリスクが増えているということ。誰もが同じように不安を抱えています。

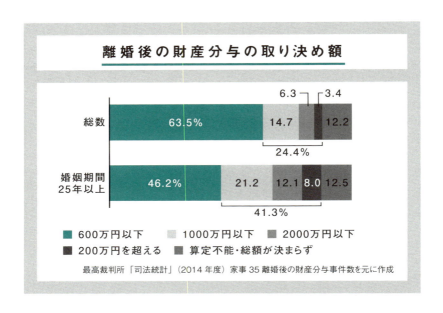

　でも、家族を守りたいという気持ちはずっと変わりませんね。

　将来にわたっての家族一人ひとりの不安や悩みを早めに知ることができれば、家族の力で解決できることは多いかもしれません。

　そう、大切なのはやはり日頃のコミュニケーション。

　長年連れ添ったパートナーがどんな老後の生活を送りたいと思っているのか、じっくりと聞いたことはありますか。

　もしかしたら、あなたが想像している以上に「ゆとりを持ってアクティブに暮らしたい」という夢を描いているかもしれません。

あるいは「老後の生活レベルを落としてでも、子どもたちへの教育費をしっかりかけていきたい」と思っているかもしれません。

　"どう生きていくか"というイメージを家族内ですり合わせていくことができれば、大きな衝突やすれ違いは起こりにくくなりますし、希望をかなえるための準備を一緒に考えていくことができます。

　しかし、慌ただしく過ぎていく日常生活の中で、お互いの希望を聞いてすり合わせるという時間は、なかなか持てませんよね。

　たとえ仲良し自慢の家族であっても、それは難しいかもしれません。

　そこでおすすめしたいのが、**❶将来の希望を家族で持ち寄り、紙に書き出す**という作業です。

　現在の仕事や収入、支出、貯蓄、家族の状況などを把握することを出発点に、定年後の"実現したい暮らし"を具体的に描き、想定可能な収支の変動や家族の変化について、中長期の視点で紙に書いて、一目でわかるようにします。

　準備として、A3、もしくはB4のような書くスペースが大きい紙を用意してください。

　鉛筆と消しゴムを用意して、さっそく次の手順に沿って書き進めていってください。

❶1列目の上欄に、現在の西暦と家族の名前、年齢を記入します。2列目はあなたが55歳の時、3列目以降は60歳、4列目は65歳……と以降、5歳刻みに。夫妻それぞれが90歳になる時まで欄を、家族それぞれの年齢とともに作ります。

（例）
2018年　修52歳　由美子50歳　武17歳　友美15歳
2021年　修55歳　由美子53歳　武20歳　友美18歳
2026年　修60歳　由美子58歳　武25歳　友美23歳

❷それぞれの年齢の時点で、「今後やりたいこと」をイメージしながら記入してみてください。それぞれのプランを実現するために必要な費用の概算についても、インターネットなどで検索して記入します。
ポイントは、誰にも遠慮せずに自由に発想すること。あなた自身が本当にかなえたい夢や目標を書いてください。具体的に"見える化"することが将来の夢への出発点です。

（例）
55歳時：定年後の働き方を考えて、行政書士の資格を取得するための勉強をスタート。
＜予算＞15万円（通信講座で安く）

60歳時：ヨーロッパへ数週間の旅行をする。ウィーン、プラハ、パリ、ミラノと回って、各地の歌劇場でコンサートやオペラ観賞を楽しみたい。
＜予算＞80万円（半年前からコンサートのチケット予約を準備）

65歳時：趣味のアルトサックスで、友人を招いての演奏会を開く。
＜予算＞30万円（貸し切り可能な店を探しておく）

70歳時：妻の夢、オーロラを見に行く旅を実現する。
＜予算＞100万円（費用を詳しく調べる）

❸それぞれの年齢の時点での「働き方」のイメージを書いていきます。今の職場で再雇用、独立・起業する、無職で年金収入のみなど、ワークスタイルの変化予測を立てましょう。

（例）
55〜59歳時：今の職場で継続雇用
60〜64歳時：今の職場で再雇用
65〜79歳時：行政書士事務所でパート週2回×4時間
70歳時〜：行政書士として独立・起業

定年後の暮らしを明確にするために
（収入・支出・家族の変化のイメージを書き出しましょう）

● 家族の年齢・今後のやりたいことや欲しいもの

西暦	修	由美子	武	友美	プラン（やりたいこと・欲しいもの）	予算
2018年	52歳	50歳	17歳	15歳		
2019年	53歳	51歳	18歳	16歳	定年後の働き方を考えて、行政書士の資格を取得するための勉強をスタート	15万円（通信講座で安く）
2020年	54歳	52歳	19歳	17歳		
2021年	55歳	53歳	20歳	18歳		
2026年	60歳	58歳	25歳	23歳	ヨーロッパへ数週間の旅行をする。ウィーン、プラハ、パリ、ミラノと回って、各地の歌劇場でコンサートやオペラ鑑賞を楽しみたい	80万円（半年前からコンサートのチケット予約を準備）
2031年	65歳	63歳	30歳	28歳	趣味のアルトサックスで、友人を招いての演奏会を開く	30万円（貸し切り可能な店を探しておく）
2036年	70歳	73歳	35歳	33歳	妻の夢、オーロラを見に行く旅を実現する	100万円（費用を詳しく調べる）
2056年	90歳	88歳	55歳	53歳		
2057年	91歳	89歳	56歳	54歳		
2058年	92歳	90歳	57歳	55歳		

●これからの働き方・収入について

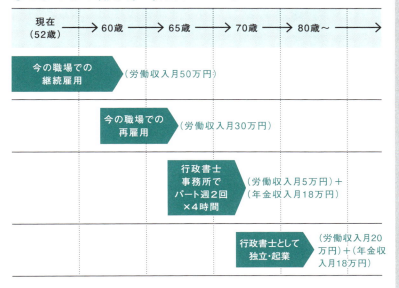

●これからの住まいについて

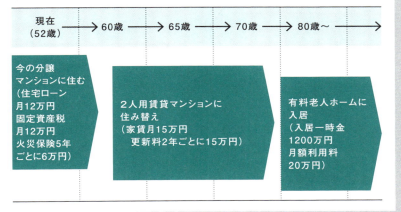

定年後の暮らしを明確にするために
（収入・支出・家族の変化のイメージを書き出しましょう）

●家族の予算（毎月・単位万円）

	52歳	55歳	60歳	65歳	70歳	75歳	80歳	85歳
住宅	12	12	12	15	15	20	20	20
食費	10	10	8	5	5	1	1	1
衣料費	3	3	2	1	1	1	1	1
旅行	10	10	20（ヨーロッパ!）	10	30（オーロラ!）	20	310	10
趣味	1	1	3	3	3	3	3	3

●理想の貯蓄額

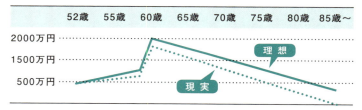

●介護・医療の希望について
▶ 胃ろうはしない、人工呼吸器も不要
▶ 子どもには迷惑をかけたくないので、早めに有料老人ホームに入る
▶ 有料老人ホームは、健康なうちから介護が必要なところまで受け入れてくれるところ

❹「働き方」の予測に連動させて、収入の予測についても記入してみましょう。

（例）
55〜59歳時：労働収入 月50万円
60〜64歳時：労働収入 月30万円
65〜69歳時：労働収入 月5万円、年金収入 月18万円
70歳時〜：労働収入 月20万円、年金収入 月18万円

❺ ここまでで、将来にわたっての働き方のイメージと収入予測が立てられました。では、「住まい」についてはいかがでしょうか？ どこで誰とどんな暮らしをするのが合理的か、その暮らしを実現するのに必要なコストはいくらか考えていきます。例えば、「子どもたちが社会に出たら間取りを縮小して賃貸マンションに住み替えて、75歳になったら元気なうちに夫婦で有料老人ホームに入ろうか」というふうに、家族で一緒にゆっくり考えながら記入をしてみてください。

（例）
55〜59歳時：
今の分譲マンションに住む（コスト：住宅ローン月12万円、固定資産税 年12万円、火災保険5年ごとに6万円）

第8章 家族の〝想定外〟

173

60 〜 74 歳時:

2人用賃貸マンションに住み替え（コスト：家賃 月15万円、更新料2年ごとに15万円）

75 歳時〜:

有料老人ホームに入居（コスト：入居一時金1200万円、月額利用料20万円）

この先の暮らしを見越して、リフォームや修繕で手を入れておきたい箇所があれば、リフォーム費用の目安も書き入れておきましょう。

有料老人ホームの入居一時金などの捻出にリバースモーゲージ（逆抵当融資。持ち家を担保に自治体や銀行から融資を受け、返済は死亡時に持ち家を売却することで一括返済する仕組み）を利用する場合は、その旨もメモしておきましょう。

❻住まいにかかるコストの大枠が見えてきました。では、住宅費以外の生活費についても、具体的に見ていきましょう。

ポイントは、各時期の収入予測も踏まえて、「今の生活にかけている支出を100として、定年後は80まで落とせばいいのか。70、60まで落とす必要があるのか」といった中長期の視点でのバランスを考えること。

❷で記入した「やりたいこと」にかけるコストも含めて考えていき、「この期間はお金がかかりそう！」という見込みをあ

らかじめ立てられれば、慌てず準備ができるはずです。

（例）
※住宅費、食費、衣料費、旅行、趣味、その他フリー欄

❼目標とする貯蓄額について、わかりやすく折れ線グラフで書いてみましょう。退職金をもらえる予定の人は、定年の年齢で貯蓄額はぐんと伸び、その後は緩やかに下降していくことになります。
実際に、その額に到達しなくても大丈夫。目標を持っておく意識が大事なのです。

❽最後に、「介護・医療の希望」についても、家族と話しながら記入を。漠然と「無駄な延命治療はしなくていいよ」と口頭で伝えるだけでは、いざという時に家族は迷ってしまいます。より具体的に「胃ろうはしない。人工呼吸器も不要」など判断基準を明示し、自分の意思として自筆で書き残しておくことをおすすめします。あなただけではなく成人した家族全員についても意思を確認しておきましょう。
以上で、記入例についての説明は終わりです。
いかがでしょうか。

ぼんやりとしか見えていなかった家族の未来が、急に具体像と

なって近づいてきたのではないでしょうか。

　未来に向けての意思表示を書き留める習慣として「エンディングノート」という方法を聞いたことがあるかもしれませんが、こちらはどちらかというと"終活"——人生をいかに潔く、周囲に迷惑をかけずにクローズするか——に紐付いたもの。

　将来の希望を書き出すことは、未来に向けてポジティブに、自分と家族の夢・希望をかなえる羅針盤となります。

　夢や希望の実現性を高めるためには、環境の変化に対応しながら定期的な"見直し"をすることが大切。
　一度書いて終わりではなく、❷5年ごとに見直しをするようにしましょう。

　将来の希望を書き出すのは、はじめは夫婦二人だけで。やがて子どもが成人し、十分に経済的自立を果たしたら、一緒に話すのがおすすめです。
　子どもたちも巻き込むことで、老後の住まいの話といったやや込み入った話題も、自然と共有することができるからです。**❸普段からの家族のコミュニケーション**が、家族の"想定外"のリスクを解消することにつながるのです。

　ぜひあなたの家庭でも試してみてください。

第 9 章

資産運用

"長生きリスク"に効く処方箋(クスリ)

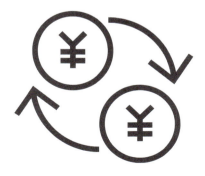

資産運用の基本を理解しよう

　50代からは本格的に資産運用を始めたほうがいい。

　その理由は、資産運用のリスクよりも、資産運用をやらないリスクのほうが、大きくなると予測されるからだ。

　私たちが暮らす日本という国そのものの"家計"が苦しく、従来のような「国内の銀行預金に頼りきり」では、お金が減るリスクよりお金が増えないリスクのほうが大きな時代になっている。

　日本の借金（国債）が年々膨らんでいるということは、ニュースでも聞いたことがあるだろう。

　とはいえ、食べ物も日用品も街中にあふれている現代の日本で暮らしていると、「日本の財政が苦しい」という現実はなかなか実感しにくいのではないだろうか。

　まず、日本の財政状況の実態を見てみよう。

　2017年度の一般会計予算では、税収と税外収入の合計（歳入）は63兆円。家計でいうと1年間の収入に当たる合計金額である。

一方、支出を表す一般会計歳出は97.4兆円（うち国債費は23.5兆円）。歳入から歳出を引くと……、マイナス34.4兆円に。これが1年間で発生した国の借金になる。

　実際は、このマイナス分を補う形で国債が発行され、「公債金収入」として計上されている。こうした国の借金が毎年累積した結果、865兆円にまで膨らんでいるのである。

　865兆円。
　あまりにも大き過ぎる金額で、余計にピンとこないかもしれない。

　よりイメージしやすいように、国の財政を家計に置き換えた試算を紹介しよう。

　63兆円の税収を、家計に置き換えて630万円の年収と仮定すれば、月にして52.5万円の収入になる。

　そして一般会計歳出97兆円は、家計に置き換えると年970万円、月80.8万円の支出。そうすると、日本国の家計である財政がどういう状況か実感しやすくなる。

　月収52.5万円の家計に置き換えた場合、ひと月の生活費として出ていく支出が80.8万円、差し引いて毎月28.3万円の赤字となっているということ。

179

そしてその毎月の80.8万円の支出のうち、借金の金利返済が23.5万円。当然毎月の収支がマイナスなので、毎月の赤字を借金で埋めていくことを繰り返し、借金に借金を重ねて、ローン残高は8650万円にもなってたとしたら？

　考えただけでも恐ろしいが、これが日本国の財政の現実なのだ。

　一時的に借金を抱えていたとしても、将来的に収入が伸びる期待が確実に持てるのであれば、それほど心配は要らない。

　かつての高度経済成長期にあった日本がまさにその状況だった。企業や産業全体が2桁成長を続け、個人の給料も右肩上がりに伸びていた時代。「"成長国ニッポン"という大船に乗っていれば将来は安泰、老後は悠々自適」と信じられる時代を、今の80代、90代の方々は生きていた。

　しかし、今の日本はそうではない。

　1990年代初めのバブル崩壊を境に日本経済は長い低迷期に迷い込み、今後劇的な回復をする政策もなく、この先は決して明るいとはいえないだろう。

　少子高齢化によって働き盛りの年代の人口が今後減り続けることも、日本の"稼ぎ力"を停滞させる大きなリスクになる。

国立社会保障・人口問題研究所のシミュレーションによると、2010年には8000万人以上いた生産年齢人口（15〜64歳の人口）は、2030年には6700万人にまで減少。一方、65歳以上の高齢者は増え続け、全人口における高齢者率は2024年には30％の大台に乗ると予測している。

　つまり、医療や年金といった社会保障費は今後も増えていくのに、国の経済成長は低迷していくばかり。これでは、銀行の金利が回復する日は当面来ないはずだ。

「日本に暮らし続ける限り、資産を増やすことはできないのか……」

　落胆することはない。

　日本に暮らしながら、高度経済成長期並みの資産形成のメリットを享受できる。そのための方法が、資産運用だ。

第9章 資産運用

> ## 52歳の今から準備できること
>
> 資産運用リスクに効く処方箋（クスリ）
>
>
>
> ❶ 国を超えてお金に働いてもらう
> ❷ 50代からの資産運用は低リスク分散型で
> ❸ 退職金をねらった詐欺には注意する

　前章まで、今後起こり得る様々なリスクを紹介するとともに、そのリスクを最小化する"クスリ"として、52歳から始めたいお金の準備や心構えについてお話ししてきました。

　その中で幾度となく、「いざという時に困らない資金を今から準備しておく」と伝えてきました。

　でも、そもそもどうやってお金を準備していけばいいのかわかりませんよね。

　すでにお伝えしたように、日本を取り巻く経済環境は決して明るくありません。
「国内の銀行に預けておけば安心」という価値観で資産運用ができ

た親世代の方法論も、もはや参考にできるものではなくなってしまいました。

　給料の上昇カーブは鈍化し、銀行の定期預金の金利は雀の涙以下の水準です。
　そんな時代を生きる私たちは、資産運用とどのように向かい合うのが良いのでしょうか？

　日本の家計である財政がここまで良くない時代に、資産運用を行うと、資産が目減りしていくのではないか、と心配になります。しかし視野を少し広げてみると、状況がまったく変わることがわかります。

　例えば最近、定年後に海外移住をするという話も、少し耳にするようになりました。生活コストが日本より低いといわれるフィリピン・タイ・マレーシアなどに移住して、少ない日本の年金収入でも、フィリピンであれば少し贅沢な暮らしができるというメリットがあります。

　しかし日本で育った私たちが、60代後半で海外に住むということは、なかなか難しいことです。治安の問題、言葉の問題なども当然ありますが、友だちや近所の知り合いなどがすべていなくなることや、毎日日本の美味しいお米を食べられない、味噌汁も飲めない、そして病気になったら病院に行っても言葉が通じずに正しい治療を受けられない、などという生活はイメージしづらいかと思います。

第9章
資産運用

183

そのため、私たちの99％は、定年後を日本国内で生活しています。当然のことですよね。

　その生活のしやすさは、イギリスのグローバル情報誌「モノクル」が発表している「世界で住み良い都市ランキング2017」にも表れています。世界中の都市の中から、犯罪統計や医療制度、交通網や文化成熟度、そして食事の値段まで、総合的に判断して順位をつけるランキングなのですが、そこでは3年連続で東京が世界1位となっています。

　これほど生活のしやすい日本の都市部で育ってきた私たちは、なかなかその生活の場を移すということが難しいのも理解できます。

　では、一方で、私たちのお金はどこに住むのが良いのでしょうか？ 治安の良い日本が良いのでしょうか？ 言葉の通じる日本が良いのでしょうか？ 友だちの多い日本が良いのでしょうか？ 毎日美味しいお米のある日本が良いのでしょうか？

　そんなことはありません。私たちのお金は、別に衣食住に満足できる場所にいなくてもいいのです。
　ただし、お金そのものが目減りするようなことがない、治安の良い安全な場所に置いておきたいと思います。では、"お金を置いておく場所"としての日本は、世界的に見て安全なのでしょうか？

　近所の銀行の預金通帳に、自分のお金があると思っていても、実

際にその銀行の金庫にすべてのお金があるわけではなく、ほとんど
のお金はその銀行の手から離れて、他の場所に行っています。その
私たちの預金の多くは日本国債に変わり、結果的に日本国の赤字家
計の足しに回っているのです。

　この流れを見ると、この信用経済社会に置いて、日本国内にお金を
置いておくことは安全とはいえません。**❶日本よりもさらに信用の高
い、つまり治安の良い国にお金を移住させることが必要になるのです。**

　お金には感情はなく、言葉の問題もありません。友だちや近所の
知り合いなども必要ありませんし、美味しいお米がない国でもまっ
たく問題ありません。私たちのお金が向かう場所の基準は、たった
の2つ。それは、「安全」と「成長」です。

　私たちが生活をする場所、つまり体を置く場所の安全とは、治安
のことを指します。それは日本が世界的に見ても断然良いので、日
本で生活することは正解でしょう。

　でも、私たちのお金が生活する場所は、経済という環境の中で信
用が高いとはいえない日本にお金をおいて置くことが正解とはいえ
ないのです。

　日本国の家計である財政収支が1993年から25年以上にわたり赤
字を続け、黒字化の見込みが立たず、さらに年収の15倍以上もの
借金を抱えている日本国は、経済的に安全といえるでしょうか？

第**9**章

資産運用

185

さらにゼロ金利の時代に、お金を日本に置いていても成長していきません。海外に目を移せば、金利が2〜8％という国もたくさんありますし、海外の企業の成長度は、日本と比較にならないほど高い国が多いのです。

　現在の日本の標準的な定期預金金利で、100万円のお金を定期預金口座に20年間置いていたら、いくら金利がつくでしょうか？　その額は、20年間でたったの4000円です。100万円あっても、20年間で4000円しか増えないということは、お金があっても老後の生活費にはならず、預貯金を取り崩して生活していく必要があるということなのです。

　さらに資産運用ではどうでしょうか？

　過去20年間の歴史を見てみると、日本が成長していないことがわかります。1996年から20年間、日経平均株価指数で資産運用を行った場合、なんと20年間の平均利回りは0.79％となり、ほぼ増えていないことがわかります。

　一方、米国を代表する会社の平均株価を表すS&P500種指数で資産運用を行った場合、20年間で平均利回りは7.9％となっています。

　この金利の差で見ても10倍ほどの差がありますが、20年前に1000万円を投資していたら、20年間で日本では158万円増えて、1158万円となっています。一方、米国で20年前に1000万円を投資していたら、20年間で1580万円増えて、2580万円にもなっている

のです。

　あなたのお金は、私たちが安全と思っていた日本国に置くのが良いのでしょうか？　それとも日本以外で本当に安全で成長性の高い場所を見つけていくのが良いのでしょうか？

　もう一度、考えてみてください。

　定年後でも30年、40年と続く人生を豊かに過ごしていくために、銀行預金だけで補えるでしょうか？

　資産運用でお金が減るリスクばかりに目がいって、お金の増えないリスクが見えていないということは、ないでしょうか？

　そしてあなたのお金は、私たちが治安の面で安全と思っていた日本に置くのが良いのでしょうか？　それとも日本以外で、経済的に安定した成長性の高い場所を見つけていくのが良いのでしょうか？

　日本の財政状況や低い成長性を肌で感じています。そんな時代の中で、人生100年時代が訪れる今、私たちには、今までの常識にとらわれない大きな決断が必要です。

　銀行預金だけが安全な時代ではありません。住みやすく治安の良い国が、お金を置いておくのに向いている国だとは限らないのです。そのためにも、体を置く環境の安全性と、お金を増やす環境の安全性を、切り分けて考える視点を持つことから始めてみましょう。

　覚えておきたいのは、❷ **50代以降の資産運用は積極的に "分散"**

第9章　資産運用

すべし、というポイントです。

　これまで資産運用をしてこなかったビギナーの方が、いきなり単独の銘柄の株式に多額の金額を投資するといった集中投資にチャレンジしてしまうのは非常に危険です。

　A社の株式に300万円を投資した後、株価が2倍に上がったら600万円になりますが、もしA社が不祥事を起こして株価が半値になったとしたら、300万円が150万円に減ってしまうのです。

　20代、30代の若いうちであれば挽回のチャンスを待つ時間的余裕がありますが、50代以降には巻き返しは難しくなります。

　ただでさえ、教育費や介護費で出費がかさむ時期ですので、手元の現金はある程度残しておくのが大原則です。

　同じ株式投資でも300万円の元手をA社に100万円、B社に80万円、C社に120万円というふうに分散投資をしておけば、A社の株価が半値に下がったとしても、50万円の損失で抑えられます。

　また、株式よりも値動きが安定した国内債券の割合を増やし、日本円の為替リスクを考えて外国株式・外国債券も一部組み入れるなど、分散型のポートフォリオを目指すのが安全策です。

　50代以降の資産運用は「守り」重視で、と覚えておきましょう。

ただし、もしもあなたが突出して詳しい専門分野や最新情報が集まりやすい分野があるとしたら、それに関連した投資商品に重点を置くのもいいと思います。

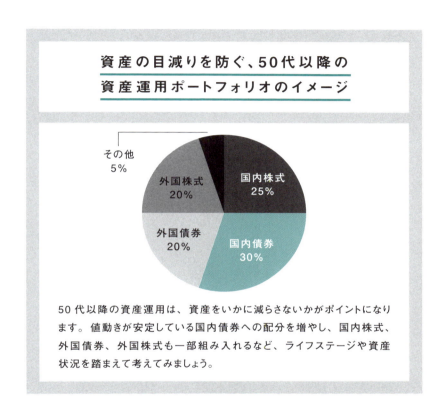

資産の目減りを防ぐ、50代以降の
資産運用ポートフォリオのイメージ

その他 5%
外国株式 20%
国内株式 25%
外国債券 20%
国内債券 30%

50代以降の資産運用は、資産をいかに減らさないかがポイントになります。値動きが安定している国内債券への配分を増やし、国内株式、外国債券、外国株式も一部組み入れるなど、ライフステージや資産状況を踏まえて考えてみましょう。

　例えば、自動車がとにかく好きでメーカーの事情にも詳しければ、国内外の自動車関連株だけで資産運用をするというのもありです。あるいは、株にはほとんど資金を振り分けずに、不動産投資が向いているという人もいます。

何をお伝えしたいかというと、個人の得意分野の延長線上にローリスクな資産運用の方法があるということ。興味関心は人それぞれ違うので、正解も人によって違います。

　だから、「あの人が自動車株で成功したらしいから」と言って、まったく知識のない自動車株に手を出すというのはナンセンスです。それよりも、あなた自身が考えるだけでワクワクするような好きなこと、かつ得意なことの延長線上で投資できるものがないか、考えてみてください。そのほうがきっと楽しく感じられるはずです。

　人生経験を積んだ年代の最大の武器は、知識と経験に基づく知恵です。しかしながら、退職金や年金といった定年後の収入をねらった"うまい話"に乗せられて大切な資産を減らしてしまうという事例が後を絶ちません。

　そのようなことが身に降りかからないよう、今から予防策としての知恵を身につけておきましょう。

COLUMN

定年資産をねらった詐欺に御用心

　大原則として頭に入れておきたいのは、「おいしい投資話は向こうからやってこない」という事実です。

　確実に利益が出るという投資が仮にあったとして、それを見ず知らずの人が教えてくれるはずはない、と考える冷静さは常に持っておきましょう。資産運用のリスクを解消するために、**❸退職金をねらった詐欺に注意する**ことは、当たり前のことのようですが重要です。

　やっかいなのは、見ず知らずの人ではなく「友人・知人」から誘われるパターンです。

　「あのね。100万円出したら1年後に10万円の配当があるんだって。私ももらったのよ。あなたもやってみたら？」

　ホクホクと嬉しそうな顔をしてお友だちから誘われて、試しに100万円出してみたら本当に10万円の配当が戻ってきた。

　ならばと次は200万円を振り込んだら、20万円のキャッシュバックが。さらに500万円を振り込んだところで、一切連絡が途絶えてしまった——。

　これは昔からある投資詐欺の常套パターンで「ポンジ・スキーム」と名前までついているのです。

第9章　資産運用

仕組みは単純で、もともと集めたお金から10%を支払っているだけで、運用などは一切していません。ある程度のお金が集まったところでドロン。世間を騒がせる投資詐欺のほとんどがこの仕組みです。

　顔見知りから誘われるとつい気になってしまうかもしれませんが、やはり冷静さが必要です。

　もしあなたが本当にお金を集めて運用ビジネスをするとしたら、銀行の金利よりも高い配当義務が生じる貸し手に声をかけるでしょうか？

　このように騙す側の立場で考えると、自ずと判断ができるはずですね。

　もう一つ、詐欺にはあたりませんが気をつけたいのが、大手金融機関がこぞって営業をかけている「退職金運用プラン」です。

　大きな文字で「年利8.0％！」など高金利を謳った広告やチラシを見たことはありませんか。

　よく見てください。小さな文字で「3カ月もの」など添え書きがされています。つまり、これは3カ月で利益が確定するので、実質受け取れる分の金利は4分の1の2％。税引後はさらに減ります。

　しかも、3カ月経過後の金利は低く設定されている場合

も多いのです。

こういった商品に限らず、投資商品を検討する場合には金融機関が打ち出しているままの短期の利益で考えず、「5年平均の金利は何%になりますか？」といった質問をぜひしてみてください。

2017年春、金融庁長官が「金融商品販売会社はもっと顧客本位の業務運営を行うように」という異例の発言をしました。それほど、現在の金融機関の売り方は、顧客＝消費者に寄り添っていないということです。

金融機関の体質改善を待ちたいところですが、それよりも早くて確実なのは自分自身の金融知識を磨くことです。

投資商品を選ぶ時には、少なくともその商品が、どんな条件下で値上がりし、どんな条件下で値下がりするのかというメカニズムは知っておきたいところです。

会社の評価制度でも、あなたの給料を上げるために、どんな成果をあげるべきか、当然考えると思います。投資もそれと同じ。

お金のことだからと難しく考えず、あなたの経験からできる知恵をぜひ活かしていってください。

エピローグ

長生きをリスクにしないために

「公的年金は、いくらもらえるの？」
「定年後の仕事はどうする？」
「親の介護、どうしよう？」
「老後の生活資金が足りるか心配」
「生前贈与はしたほうがいい？」

　等々、誰にでも訪れる定年後について、意外と私たちは正しい答えを導くだけの知識と経験を持っていません。

　テレビやメディアを通じて目にしている情報はたくさんありますが、その情報同士のつながりがわからず、細切れの一部分しか理解できていないということも少なくありません。

　でも、実際の定年後の生活は、「年金受給額の調べ方」や「医療保険の賢い入り方」など、細切れの一部分だけを知っていても、うまく設計するのが難しいという現実があります。

　実際には「理想の老後を過ごすために、もらえる年金受給額を知り、不足する部分があれば仕事や私的に加入した年金で補う。さらに趣味と健康維持にもお金がかかるので、そのコストとスケジュールをどのようにマネジメントするのか。そして家族構成の変化によ

る住まい設計も同時に考える」というように幅の広い「定年後設計」が必要になってきます。

　私が、定年後の設計が必要だと気づかされたのは、実は自分自身のことがきっかけではありませんでした。それは父が60歳になったばかりの頃。父の老後を一緒に考えたことがきっかけでした。

　私の母、つまり父の妻は57歳という若さで他界しました。その時、父は60歳になったばかり。バリバリの働き盛りの父は、弁理士という資格を持ち、自営業として特許事務所を経営しており、母がその経理等を手伝っていました。数人で回している事務所は、日々忙しく、何から何まで自分でやらなければならないため、毎晩23時過ぎまで働きづくしという状態でした。

　そのような状態での、母の急死。ただでさえ毎日仕事づくしの日々なのに、そこに母が手伝っていた経理業務等の負担がのしかかってきたのです。

　通常、60歳にもなれば、仕事のペースを落としながら働くようになるところが、逆に人の2倍も、3倍もの仕事を抱えなければいけない状態になったのです。

　基本的に仕事の好きな父は、それでも頑張ろうと自分に鞭を打って頑張っていたのですが、それを見ていた私は何か手伝ってあげないといけないと思い、母が手がけていた特許事務所の業務を手伝う

ことにしました。

　今まで、正月くらいしか顔を合わせることのなかった父と、仕事を手伝い始めてからは、毎日のように話をするようになりました。父をサポートしているという満足感も高く、充実した毎日を過ごすことができていました。
　しかし、父の生活は仕事ばかり。父は「仕事があれば何もいらない。仕事が好きだから引退はしない」と豪語していたくらいです。

　そこで私が、父のリタイア後、つまり父が老後をどのようにすれば幸せに過ごせるかを真剣に考え、「リタイアプラン」を提案することにしました。これが私にとって、初めての定年後設計を考える機会となったのです。

　そのリタイアプランは、調べれば調べるほど、様々なことが絡み合っていて難しいことを知りました。父は自営業で、かつ仕事好きのため、仕事については心配していないものの、身体が弱ってきたら住まいはどうするのか？　自営業だから少ない年金で老後の生活費は足りるのか？　医療費がかかりそうな病気はあるのか？　長期療養になった時の保険は何が必要なのか？　相続は考えているのか？　父の両親は誰が介護をするのか？　等々、キリがないほど、壮大なプランを考えなくてはならなかったのです。

　そのため、父とは時間をかけてじっくり話し合いを重ね、何度も話し合いを繰り返しました。

そこから3年が経った頃、やっと父は、私が提案したリタイアプランに対して、首を縦に振ってくれました。仕事を辞めて、引退することを決めたのです。

　当然、それからも何度も話し合いを重ね、そして並行して準備も行い、そこから5年後、父が68歳の時に、事務所を第三者に譲り、めでたく引退することができたのです。

　ここで、何度も何度も父と話し合った経験は、その後の私の仕事にも活かされることになりました。

　父にリタイアプランを提案していた15年以上前、私は「ファイナンシャルアカデミー」というお金の学校を創立し、今でもその学校の運営を行っています。世の中にお金を勉強する機関がないという問題点を解決するために学校を創立し、15年間にわたり、体系的に学べる独自のスクールカリキュラムをつくってきました。

　そして、そのスクールカリキュラムの一つとして「50代のための定年後設計スクール」があります。「定年後を心理的にも経済的にも豊かに過ごすためには、どのような準備を行えばよいか」というノウハウが学べるスクールで、マネープラン、医療・介護への備え、資産運用等の具体的事例とその問題解決手法をたくさん取り入れています。

　このスクールカリキュラムは、より定年後設計を正しく行い、安心した老後を送りたい人のためにつくったものなので、この書籍の

何倍ものノウハウを学ぶことができるものですが、その中から重要なエッセンスのみを取り出して、本書を上梓することができました。

この本をお読みになられたあなたは、重要なエッセンスを知識として身につけているので、定年後設計の大切さに気づかれていると思います。そして知れば知るほど、不可欠なスキルだと感じているのではないでしょうか。

お子様がいらっしゃる方は、ご自身のお子さんに「夏休みの宿題は、計画を立てて、前もってやりなさい。夏休み最後の日にまとめてやるのはダメ」と注意をした経験があるかと思います。

実は、これは定年後設計にも当てはまるのです。

夏休みの終わりの期日、つまり定年退職する日というのは、ほぼ会社の制度で決まっています。つまりその時までに、定年後設計という宿題は終わらせておかないと、定年後を豊かに過ごすことが難しくなってしまうのです。

私は父の定年後設計に、合計8年の月日をかけました。

その8年間は、父も私も様々なことを学びました。そのおかげで、父が引退した後は、父は本当に幸せな生活を送っていると、身近にいる私が日々感じています。

最近の父は、以前からやりたいと言っていたピアノや歌を楽しみ、40年以上続けている空手を人に教えることで社会との関わりを築

いています。そして健康維持のためにウォーキングをしたり、年に数回の海外旅行では、好きなカメラで写真を撮り、それを加工して楽しんでいます。さらに自宅を売却して、そのお金で医療施設付きの高齢者住宅に入居し、将来の介護不安もかなり軽減されています。

　こういう生活は、しっかり時間をかけて正しく定年後設計を行えば、誰もができるものだと感じています。

　定年後に、何も派手な生活をすることをゴールとするのではなく、縁側でお茶を飲んだり、たまに旅行に出かけたり、一昔前では当たり前だった生活を送ろうとするだけでも、年金だけでは補いきれない時代が、もうそこまで来ています。
　だからこそ、定年後設計が本当に必要な時代になっているのです。

　長生きをリスクにしないために、必要な定年後設計。

　本書を最後までお読みいただいたあなたも、これをきっかけに、身につけた知識を活かして、行動してみてください。
　52歳というタイミングで定年後設計の大切さに気づいたのであれば、十分な準備期間が残されています。十分な準備期間をもとに、様々な選択肢の中から計画を立てることができます。
　そうすれば、心の奥底にある定年後の漠然とした不安が、日に日に和らいでくることは間違いありません。
　ぜひ今日から第一歩を踏み出していただければ著者として、とても嬉しく思います。

著者紹介　**泉 正人** いずみ・まさと

ファイナンシャルアカデミーグループ代表／一般社団法人金融学習協会理事長

日本初の商標登録サイトを立ち上げた後、自らの経験から金融経済教育の必要性を感じて、2002年にファイナンシャルアカデミーを創立し、代表に就任する。身近な生活のお金から、会計、経済、資産運用に至るまで、独自の体系的なカリキュラムを構築。東京・大阪・ニューヨークでスクール運営を行う。義務教育では教わることのなかったお金との正しい付き合い方を伝えることを通じ、より多くの人に真に豊かで、ゆとりある人生を送ってもらうための金融経済教育の定着を目指している。『お金原論』（東洋経済新報社）、『お金の教養』（大和書房）、『「仕組み」仕事術』（ディスカヴァー・トゥエンティワン）など、これまでに上梓した著書は30冊累計150万部を超える。著書は、韓国、台湾、中国でも翻訳され発売されている。

●ファイナンシャルアカデミー　http://www.f-academy.jp/

52歳からのお金のリアル

2018年6月20日　第1刷発行

著　者	泉 正人
発行者	長坂嘉昭
発行所	株式会社プレジデント社 〒102-8641　東京都千代田区平河町2-16-1 http://www.president.co.jp/ 電話：編集 (03) 3237-3732　販売 (03) 3237-3731
構　成	宮本恵理子
装幀・造本	仲光寛城
編　集	岡本秀一
制　作	関 結香
販　売	桂木栄一、高橋 徹、川井田美景、森田 巌、 遠藤真知子、末吉秀樹
印刷・製本	図書印刷株式会社

©2018 Masato Izumi
ISBN 978-4-8334-2279-6

Printed in Japan
落丁・乱丁本はおとりかえいたします。